Constanze Elsner

Mann mit Tränensäcken sucht Frau mit Lachfalten

Ein Ratgeber für alle, die mit Kontaktanzeigen den Partner fürs Leben finden wollen

BASTEI LÜBBE

BASTEI-LÜBBE-TASCHENBUCH
Band 66310

Lizenzausgabe im Gustav Lübbe Verlag, Bergisch Gladbach
Printed in Germany, Oktober 1994
Einbandgestaltung: K. K. K.
Satz: hanseatenSatz-bremen, Bremen
Druck und Bindung: Ebner Ulm
ISBN 3-404-66310-1

Der Preis dieses Bandes versteht sich einschließlich
der gesetzlichen Mehrwertsteuer.

Ich sprüh's auf jede Häuserwand
»Ich such' den schönsten Mann im Land«,
ein' Zettel an das schwarze Brett
»Er muß nett sein, auch im Bett«,
kratze es in Birkenrinden,
»Wo kann ich was liebes finden«,
schreibs in Gold auf die Altäre,
»Ich komme nicht mit der Schere«,
male es auf jede U-Bahn,
»Ruf mich unter 318 an«,
drucke mir Demo-Flugblätter,
mit dem Foto vom Erretter
und verteile sie vor Karstadt,
»Hab' die Männer noch nicht ganz satt«,
setz' es fett in die BILD-Zeitung
»E-MAN-ZE sucht 'ne Begleitung« . . .
trage es auf meinem T-Shirt,
»schreibt mir wer, wo, was von wem hört«,
werd' ne Neonleuchtschrift machen,
»Wenn du so bist wie dein Lachen,
möchte ich dich wiedersehn,
mit dir schwimmen nach Athen,
sogar mit dir früh aufstehn,
sogar mit dir untergehn.«

Aus: *Neue Männer braucht das Land* von Ina Deter

Inhalt

Warum wieso weshalb oder *Ein Vorwort*

Zugegeben: Bis vor einem Jahr las ich Heiratsanzeigen – wenn überhaupt! – nur zum Spaß. Ist ja auch zu komisch, wer alles inseriert: »Enttäuschte«, »Frohnaturen«, »Intellektuelle«, »schlicht Gestrickte«, »Konservative«, »Unkonventionelle«, »Anlehnungsbedürftige«, »Führungspersönlichkeiten«, »arme Schlucker«, »(Multi-)Millionäre« ...

... und eines, denkt man so beim Lesen, haben sie alle gemeinsam: irgendeine Macke. Denn weshalb sonst haben sie auf »normale Art und Weise« niemanden gefunden?

Auf normale Weise: in Kneipen, auf Parties, am Arbeitsplatz, in der Disko, im Urlaub, in der Volkshochschule, im Museum, im Supermarkt – und wie die Treffpunkte alle heißen, die ich hinreichend in *Wie man eine Frau aufreißt* und *Wie man einen Mann aufreißt,* beide Heyne-Verlag, beschrieben habe.

Nur: Wann trifft man schon in einer Kneipe, auf einer Party, in einer Disko den Partner oder die Partnerin, den/die man sich wünscht ... und der/die *frei für eine Beziehung* ist? Höchst selten. Wenn überhaupt.

Bessere Chancen bietet da schon der Arbeitsplatz. Doch was ist mit denen, die im stillen Kämmerlein arbeiten? Oder denen, die sich aufgrund ihrer beruflichen Position »Liebe am Arbeitsplatz« nicht leisten können?

Und wann begegnet man schon im Urlaub der Liebe ... die länger als einen Sommer hält?

So gut wie nie. Wenn überhaupt.

Und – mal ganz ehrlich – wie viele Paare kennen *Sie*, die sich im Museum, in der Volkshochschule oder im Supermarkt kennen- und liebengelernt haben?

Keines vermutlich. Und damit genauso wenig wie ich.

Aber: Paare – *glückliche Paare* –, die sich per Annonce getroffen haben, kenne ich mittlerweile viele. Mehr noch: die eine Hälfte eines solchen Paares bin ich. Ausgerechnet ich, wo ich schon von Berufs wegen kontaktfreudig bin und fast tagtäglich neue Menschen kennenlerne. Eben auch Männer.

Männer aller Schattierungen, die dennoch alle eines gemeinsam haben: irgendeine Macke. Mal sind sie bereits gebunden, mal wollen sie sich nicht binden. Nicht heute jedenfalls. Man(n) weiß ja nie, welche Schöne einem morgen in die Arme läuft!

Und die wenigen, die eine feste Beziehung wollten?

Auch mit denen stimmte für meinen Geschmack meistens etwas nicht. Sie hatten einen anderen Humor, andere Interessen, einen völlig anderen Lebensstil oder für mich ganz einfach keinen Sex-Appeal.

Trotzdem: Von alleine wäre ich nie darauf gekommen, Heiratsanzeigen nicht nur (spaßeshalber) zu lesen, sondern eben auch (ernsthaft) zu beantworten. *Das* war die Idee meiner Freundin Monika. Sie drückte mir am letzten (Donners-)Tag im August 1989 *DIE ZEIT* in die Hand und meinte: »Schau mal rein. Vielleicht ist ja einer für dich dabei . . .«

Es *war* sogar einer für mich dabei – nur war er nicht »der Richtige«. Und so suchte ich weiter. Und das nicht allein in der *ZEIT*, sondern eben auch in der *Frankfurter Allgemeinen Zeitung*, der *Süddeutschen Zeitung* und dem *Hamburger Abendblatt*.

Was mir dabei auffiel: Das Gros der Inserenten und der Inserentinnen ist zwischen Anfang/Mitte 30 bis Anfang/Ende 40 Jahre alt – also altersmäßig ideal für mich. Die Berufe der Männer, die ich anschrieb: vom Airliner über den Börsenmakler und Computer-Fachmann bis zum Zahnarzt.

Um gleich bei »statistischen Daten« zu bleiben: Zwischen dem 1. September 1989 und dem 17. Februar 1990 schrieb ich an 176 männliche Inserenten – 76 meldeten sich bei mir zurück.

Von diesen entfielen – aus dem einen oder anderen Grund – 31 nach dem ersten Telefonat, womit 45 Männer blieben, die ich traf.

Bei näherer Betrachtung erwiesen sich 16 als absolut indiskutabel, 19 als gute bis sehr gute Männer, und weitere 9 gehören heute zu meinem Bekannten- bzw. Freundeskreis. Bleibt, nach Adam Riese, einer. Und der ist meiner. Der ist privat.

Rechnerisch heißt das: Es gab einen Rücklauf von 43 Prozent, wovon sich wiederum etwa 40 Prozent bereits beim ersten oder zweiten Telefonat als uninteressant erwiesen.

Von den verbliebenen 45 disqualifizierten sich rund ein Drittel meist innerhalb weniger Minuten aus der »engeren Wahl«, während weniger als die Hälfte wirklich gute Männer waren – nur eben nicht für mich. Zu guten Bekannten bis Freunden wurden immerhin 20 Prozent – plus der eine, der für mich der Hundertprozentige ist!

Alles in allem: Bei knapp zwei Drittel der Männer hat sich das Treffen absolut gelohnt. Weil es kluge und herzliche, charmante und gewandte, geist- und erfolgreiche, gepflegte und gutaussehende Männer waren, bei denen ich nur eines vermißte: Schmetterlinge im Bauch.

Was ich jedoch häufig dachte: Teufel auch! Es inserieren verflixt interessante Männer – und attraktive dazu! Und für jeden von ihnen überlege ich auch heute noch bei jeder mir bekannten Frau, ob sie diejenige sein könnte, welche ...

Vielleicht sind Sie's? Oder, falls Sie ein Mann sind: Vielleicht ist eine der Frauen, die inserieren und tolle Frauen sind, genau diejenige, die Sie suchen?

Vergessen Sie das alte Vorurteil, es inserierten nur »Beknackte«. Leute, »die eine Macke haben«. Denn das Gegenteil ist der Fall. Um mal wieder in Zahlen zu reden, hier das Ergebnis einer Studie der Sozialpädagogin Margot Berghaus zum Thema »Heiratsanzeigen«: 30 Prozent der Inserenten sind gesellige, unabhängige Typen ohne soziale Integrationsprobleme. Zu dieser Gruppe gehören Frauen und Männer mittleren Alters, die allein leben. Sie sind meist geschieden, überwiegend erfolgreich und leben mit großem Freundes- und Bekanntenkreis in der Großstadt. Weitere 28 Prozent sind Frauen oder Männer, denen durch Kinder und Beruf kaum Zeit bleibt für private Kontakte.

Mal ehrlich: Wo, glauben Sie, finden Sie so viele solcher Menschen so gehäuft wie in Heiratsanzeigen?

Na bitte! Nirgends.

Damit stellt sich nur noch die Frage: Was hält Sie noch davon ab, Anzeigen zu beantworten oder auch selbst mal ein Inserat aufzugeben?

Nichts ...

... außer, daß Sie nicht wissen, wie, wo, was.

Wie man eine Annonce beantwortet oder schreibt.

Wo man sich trifft.

Was es bei derlei »Kontaktaufnahme« ganz grundsätzlich zu beachten gilt.

Und *genau das* werde ich Ihnen in diesem Buch verraten. Und zwar so, daß Sie jeden Schritt nachvollziehen können, ohne dabei irgendwo abkupfern zu müssen. Denn nur, wenn Sie ganz und gar Sie selbst sind, haben Sie Erfolg mit dem Aufgeben oder Beantworten eines Inserates. Weil Sie nämlich nur so Ihrem potentiellen Partner Gelegenheit geben, voll darauf abzufahren, wie Sie tatsächlich sind! *Nicht* wie *der*jenige ist, dessen Anzeige Sie witzig fanden und kopiert haben.

Bleibt an dieser Stelle: Ihnen viel Spaß zu wünschen auf der Suche nach »Miss oder Mr. Right«. Vor allem aber auch: viel, viel Glück – und die nötige Ausdauer, wenn der/die »Richtige« ein wenig länger auf sich warten läßt.

In diesem Sinne!
Herzlichst!

Constanze Elsner

Zur Form

Um die Anzeigen direkt vom Text abzuheben, finden Sie sie *kursiv* gesetzt. Und damit Sie nicht lange danach suchen müssen, auf welche Stelle in dem betreffenden Inserat ich Ihr Augenmerk richten möchte, sind diese Stellen ***fett*** gedruckt. So wissen Sie immer gleich, worum es geht. Sollten Sie kein Interesse daran haben, die vollständig abgedruckten Anzeigen von vorn bis hinten zu lesen, genügt es also, auf die markierten Stellen zu achten.

Den jeweiligen Anzeigentext habe ich (bis auf für das Beispiel unwesentliche Kürzungen) belassen, wie er war. Also *nicht* korrigiert, wenn das Deutsch nicht stimmte. Denn nur so bekommen Sie von dem Menschen, der sich dahinter verbirgt, denselben Eindruck, den auch der Leser bekommt. Das einzige, was ich geändert habe, ist die Chiffre-Nummer, wenn mal eine dabei ist.

Einige Inserate habe ich in ihrer vollen Länge wiedergegeben – auch wenn ich nur auf einen einzigen Punkt hinweisen wollte. Denn ich wollte nichts aus dem Zusammenhang reißen. Im Kontext liest sich vieles anders.

Der Einfachheit halber habe ich mich dazu entschlossen, von »dem Partner«, »dem Inserenten« *oder* »der Partnerin«, »der Inserentin« zu reden. Anstatt »dem Partner/

der Partnerin«, »dem Inserenten/der Inserentin«. Und auch wenn ich nicht ausdrücklich auf Männer oder Frauen gesondert eingehe, ist dieses Buch natürlich für beide Geschlechter geschrieben.

Um das komplexe Thema in eine lesbare Form zu bringen, habe ich dieses Buch in zwei Teile gegliedert:

Einen ersten, der Sie – in zwölf Kapiteln – über Grundsätzliches zum Thema Inserieren/auf Annoncen Antworten informiert.

Einen zweiten, der zuvor Gesagtes anhand eines Querschnitts von Anzeigen(beispielen), die ich für repräsentativ halte, veranschaulicht.

Apropos »repräsentativ«: »Bekanntschaftsanzeigen« fanden bei meiner Recherche (ausgenommen die *Süddeutsche Zeitung)* ebensowenig Beachtung wie Annoncen aus Szene- und Stadtzeitungen. Weil ich a) keine »Bekanntschaft« suchte, sondern eine *Beziehung.* Und weil ich b) auf einer anderen Wellenlänge bin als Männer, die in Stadt- und Szenezeitungen inserieren. Denn ich recherchierte *nicht als Journalistin* – sondern als *Frau ...*

So »backen« Sie sich Ihren Partner
oder
Gleich und gleich gesellt sich gern

Ein Kapitel für alle

Eines steht fest. Diesmal wollen Sie keine Affäre, sondern eine Partnerschaft. Eine *feste Beziehung.*

Darum suchen Sie einen Menschen, der wie maßgeschneidert zu Ihnen paßt – per Inserat.

Maßgeschneidert heißt: Er sollte Ihnen – und Sie ihm – so weit wie möglich entsprechen. Und zwar in folgenden zehn Punkten:

1. Ein ähnlicher gesellschaftlicher Hintergrund

Eine Partnerschaft geht auch heute noch nicht gut, wenn einer im besten Genfer Internat erzogen wurde und in Harvard studiert hat, während der andere in einem kleinen Dorf aufgewachsen ist und irgendwo am Fließband steht.

Im Klartext: Je ähnlicher das gesellschaftliche Umfeld ist, in dem Sie sich bewegen, je vergleichbarer Ihr Bildungsniveau und Ihre Erziehung sind, desto größer ist die Chance, daß Sie einander verstehen werden. Weil Sie ähnliche Erfahrungen haben und wissen, was der andere meint.

2. Eine vergleichbare Intelligenz

Wenn einer von Ihnen Akademiker ist und der andere keinen zusammenhängenden Satz hervorbringt, ist das dem gegenseitigen Verstehen nicht eben zuträglich.

Im Klartext: Beziehungen, in denen einer unter- und

der andere überlegen ist, haben auf Dauer herzlich wenig Chance. Weil der eine permanent über- und der andere permanent unterfordert ist. Und leider läßt sich das – geben Sie sich da keinen Illusionen hin – noch nicht einmal ändern.

3. Ähnliche Wertvorstellungen

Wenn der eine Rassist ist und der andere nicht, können Sie eine Beziehung getrost vergessen.

Im Klartext: Gegensätzliche Vorstellungen in bezug auf Kindererziehung, Politik, Religion und Weltanschauung im allgemeinen bedeuten schlicht und ergreifend, daß es mit diesen zwei Menschen nie gutgehen wird. Zumindest nicht auf Dauer.

4. Ähnliche Interessen

Wenn der eine Joyce liest und der andere gar kein Buch besitzt; wenn der eine nichts lieber tut, als auf Berge zu kraxeln, und der andere auf Bergspitzen einen Höhenkoller kriegt, sollten Sie die Beziehung lieber beenden, bevor sie richtig angefangen hat.

Im Klartext: Wenn die erste Leidenschaft verflogen ist – und sie verfliegt immer, habe ich mir sagen lassen –, sollten Sie zumindest ein paar gemeinsame Interessen haben, die Sie verbinden. Als »zweites Standbein« sozusagen. Und nicht als das schlechteste!

5. Ein ähnliches Lebensziel

Wenn *Sie* es in zehn Jahren gern zu einem Penthouse in New York und einem Loft in Paris gebracht haben möchten und der andere davon träumt, in zehn Jahren einen eigenen Bauernhof mitsamt Gemüsegarten zu haben, sollten Sie sich auch lieber heute als morgen wieder voneinander verabschieden.

Im Klartext: Wenn Sie völlig verschiedene Vorstellungen davon haben, was wer wann erreicht haben möchte, hat eine Beziehung zwischen Ihnen beiden keinen Sinn. Weil es weder dem einen noch dem anderen Freude macht, den Lebensstil des Partners zu teilen. Noch weniger Spaß werden Sie daran haben, für den Lebensstil des anderen zu schuften. Sie sollten also schon gleichermaßen viel Energie in das gemeinsame Schaffen investieren!

6. Eine ähnliche körperliche Attraktivität

Beide sollten äußerlich in etwa gleichermaßen »attraktiv« sein.

Im Klartext: Wenn einer körperlich sehr viel anziehender ist als der andere, wird es irgendwann Probleme geben: Weil einer von Ihnen von allen möglichen Leuten angehimmelt wird und der andere nicht. Schon beginnen Eifersuchtsdramen, die vielleicht zunächst grundlos sind – und irgendwann dann eben nicht mehr. Niemand möchte sich wieder und wieder für nichts Vorwürfe machen lassen. Also wird er dafür sorgen, daß die Eifersucht des anderen »sich lohnt«.

7. Ähnliche sexuelle Bedürfnisse

Machen wir uns nichts vor: Sexualität *ist* wichtig, auch wenn sie nicht alles ist. Wenn die Chemie nicht stimmt, können Sie die Beziehung von vornherein vergessen.

Im Klartext: Wenn Sie sich sexuell nicht ähnlich stark zueinander hingezogen fühlen und in bezug auf Sexualität in etwa dieselben Wünsche haben, wird es immer häufiger so sein, daß der eine Lust auf Lust hat und der andere Migräne. Und das ist ebenfalls alles andere als beziehungsfördernd. Auf Dauer.

8. Kein allzu großer Altersunterschied

Wer jünger ist – der Mann oder die Frau –, spielt dabei keine Rolle. Optimal ist lediglich, daß ein Altersunterschied von acht Jahren nicht überschritten wird – wie neueste Untersuchungen zu diesem Thema ergaben. Und es leuchtet auch ein: Große Altersunterschiede bedeuten andere Erfahrungen in einer anderen Zeit, andere Vorlieben, andere Interessen. Fast eine andere Generation. Früher hieß es auch schon einmal: Der eine Partner sollte nicht jünger als die Hälfte der Lebensjahre des anderen plus acht Jahre sein.

Im Klartext: Wenn Frauen sich zu einem wesentlich älteren Mann hingezogen fühlen, brauchen sie einen Vater. Wenn es Männer nur zu wesentlich jüngeren Frauen zieht, fühlen sie sich einer reifen Frau nicht gewachsen. Wenn Sie also jemanden brauchen, der Ihre neurotischen Bedürfnisse befriedigt, ist das in Ordnung. Aber dann erzählen Sie nicht, Sie wollten eine *Beziehung.* Denn eine Beziehung bedeutet, sich mit sich selbst und dem Partner auseinanderzusetzen. Weiterzulernen. Gemeinsam.

9. Eine ähnliche Bindungswillig- und -fähigkeit

Eigentlich sollte man davon ausgehen können, Inserenten wie Offertenschreiber seien zumindest bindungs*willig.* Kann man aber *nicht!* Denn auch wenn es die Ausnahme ist: so mancher Inserent – und wie ich erfahren habe, auch so mancher Offertenschreiber – ist mit seiner letzten Beziehung noch nicht ganz am Ende.

Vorausgesetzt aber, daß er das ist, dürfen Sie daraus noch lange nicht schließen, daß er auch bindungs*fähig* ist. Etwas zu wollen und etwas zu können waren schon immer zwei Paar Stiefel.

Im Klartext: Wenn Sie feststellen, daß der andere mehr will, als Sie geben können – oder umgekehrt –, ist das auch keine ideale Basis. Und bedeutet auf Dauer nur Frust.

10. Eine ähnliche Fähigkeit, miteinander zu reden

Auch das wird sich in den nächsten Jahrzehnten nicht ändern, weil es nie zu ändern ist: Männer und Frauen reden häufig aneinander vorbei. Darum muß man immer wieder nachhaken: »Wie hast du das gemeint?« Nur so lernt man, den anderen allmählich zu begreifen. (Dringend empfohlene Lektüre zu diesem Thema: *Mann und Frau – Der große Unterschied* von Joe Tanenbaum, Diana-Verlag.)

Im Klartext: Wenn Sie nicht *beide* in der Lage sind, ein aufkeimendes Problem auszudiskutieren, bevor es Ihre Beziehung zerstört, nützt es gar nichts, wenn *einer* von Ihnen weiß, wie man so etwas macht. Sie wissen ja: Es gehören immer zwei dazu!

Und wo ich gerade bei Problemen bin, geht es im nächsten Kapitel gleich weiter mit einem, das Sie sich nun wahrlich *nicht* aufhalsen müssen!

Sag die Wahrheit
oder
Lügen haben kurze Beine

Ein Kapitel für alle

Vielleicht befürchten Sie, es sei »aus«, bevor es angefangen hat, wenn Sie den anderen von vornherein mit Tatsachen konfrontieren, über die Sie selbst nicht ganz glücklich sind.

Trotzdem: Sobald es sich dabei um etwas handelt, was Sie dem anderen über kurz oder lang sowieso nicht vorenthalten können, rate ich Ihnen: Raus damit! Und zwar:

Inserenten:
nach Möglichkeit in der Annonce

Offertenschreiber:
in Ihrer Antwort auf das Inserat. Spätestens aber beim ersten Telefonat – sofern Sie einen Draht zu dem anderen haben.

Was dürfen Sie also nicht verschweigen?
Ganz einfach:

Kinder

Ich kenne mehrere Männer, die sich auf den ersten Blick in eine Frau verliebt hatten, die sie über ihre Annonce trafen. Und fast schon Pläne für ein Zusammenleben schmiedeten.

Und dann war's mit einem Schlag vorbei, weil die Frauen Kinder hatten.

Nein, nicht weil die Frauen Kinder hatten, sondern weil sie (durch Verschweigen) zunächst vorgegeben hatten, allein zu leben. *Das* war es, was die – ausnahmslos guten! – Männer an diesen Frauen störte. Und ihnen das Vertrauen nahm.

Ich habe nachgehakt und jeden der Männer intensiv befragt, ob er sich hätte vorstellen können, von heute auf morgen eine »Familie« zu sein.

Sie hätten es gekonnt. Jeder von ihnen.

Aber sie haben es nicht getan. Weil sie sich hinters Licht geführt fühlten.

Um Ihnen noch eine positive Geschichte zu diesem Thema zu erzählen: Einen Mann traf ich, der sich sehr zu der Frau hingezogen fühlte, mit der er vor mir verabredet gewesen war. Sein einziges Problem dabei: Sie hatte kleine Kinder. Und seine eigenen waren gerade flügge geworden. Und er war sich eben nicht so sicher, ob er noch einmal von vorn anfangen wollte. Mit Schulproblemen, Masern, Pubertät. *Da* sein müssen – nicht einfach verreisen können, wann es ihm beliebt. Die Frau mit ihren Kindern »teilen« zu müssen. »Stief«vater zu sein – und damit eine schwierige Aufgabe zu übernehmen.

Er und ich verstanden uns gut an diesem Abend.

Und am nächsten rief er an und sagte: »Ich habe es sehr genossen, mit Ihnen zusammen zu sein. Aber je mehr ich in mich hineinhorche, desto sicherer weiß ich: Mein Herz tendiert nach Lübeck.« Dahin also, wo die Mutter der beiden Kinder wohnte.

Und »Lübeck« war's dann auch für ihn. Und ist es immer noch.

Und damit erkläre ich das Thema »Kinder« für abgehakt.

Gebrechen

Was Sie dem anderen ebenfalls nicht verschweigen

dürfen, sind körperliche Leiden, die unabänderlich sind.

Nicht jeder kommt damit klar, daß der andere eine körperliche Behinderung hat, die er sein Leben lang behalten wird. Folglich ist es sehr viel sinnvoller, mit einer Annonce gleich *die* Menschen anzusprechen, die damit umgehen können, daß ihr Partner behindert ist.

An Beispielen dafür mangelt es nicht:

S. O. S. *Mercedes-Fahrer sucht nette, natürl. Partnerin (Co-Pilotin) für Wochenendausflüge, leicht wird mehr draus.* ***Leider sitze ich im Rollstuhl, bitte keine Panik, bin ein sehr agiler, natürl. u. aufgeschloss. Mensch, brauche keine Hilfe.*** *Bin 39 J., jünger aussehend, schlank, kurze blonde Haare u. berufstätig (nur Mut). HA*

Romantische Sie, 50/165/57, dkl. lg. Haar, ***erblindet – dennoch aktiv im Leben stehend****, nat.- u. tierlbd., viele interess. Hobbies, sucht zuverl. Partner bis 68 J., Raum HH. Chiffre Hamburger Morgenpost*

Die Chancen, mit einer körperlichen Behinderung per Annonce einen Partner zu finden, sind genauso groß oder klein wie bei allen anderen Anzeigen. Selbst Anzeigen, die Sie – wegen der Art der angegebenen Krankheit – für chancenlos halten würden, sind es nicht:

Attraktiver, gutsituierter 45jähr., 180/73, an Herpes leidend, sucht attraktive Frau, 30-40 J., schlank, mit selbem Problem. Bildzuschr. m. Tel. an das HA

HILFERUF AUS RAUM 3 Kaufmann, 44 Jahre, 176 cm, Witwer, zwei Söhne 20 u. 23 Jahre. Durch Unfall un-

schuldig HIV infiziert, sucht aufrichtige, verständnisvolle und fröhliche Partnerin ohne Sex. Anspruch. DIE ZEIT

Letzterem hatte ich geschrieben. Nicht als potentielle Partnerin, sondern weil ich wissen wollte, ob es eine Resonanz auf seine Anzeige gab.

Es gab sie. Außer 60 Briefen, die mit den wildesten Tips aufwarteten, meldeten sich auch vier Frauen, die an einer Partnerschaft mit diesem Mann interessiert waren.

Wer hätte das gedacht.

Ein Kapitel für Inserenten

Was auch immer Sie in Ihre Annonce schreiben: Halten Sie sich – im großen und ganzen – an die Wahrheit. Das heißt, wenn Sie glauben, etwas »beschönigen« zu müssen, tun Sie es im Rahmen! Wie beispielsweise Angaben über:

Ihr Alter

Mag sein, daß ich die Angelegenheit besonders eng sehe –, aber der Unterschied zwischen 39 und 40 oder 49 und 50 Jahren ist etwa der wie zwischen DM 1,99 und zwei Mark. Keiner also. Im Grunde. Aber eben doch einer. Sonst wären die Supermärkte nicht überfüllt mit »X-Mark-99-Angeboten« – und Boutiquen nicht mit Kleidungsstücken für »69.-, 79.- wie-auch-immer-hinten-neun-Mark«.

Ebenso stellen sich manche Männer unter einer Vierzigjährigen eine sehr viel »reifere« (wenn nicht gar »gesetztere«!) Frau vor als unter einer Frau von 38 oder 39 Jahren. Davon abgesehen: Auch bei Männern klingt 48 oder 49 nur »halb so alt« wie 50 – auch wenn das natürlich völliger Blödsinn ist.

Trotz und alledem: Wenn Sie wie Mitte 30 aussehen und sich (zeitweise!) wie 20 fühlen, sind Sie nun mal altersmäßig nicht da einzuordnen, wo Sie »laut Paß« angesiedelt sind. Folglich genügt es völlig zu sagen, daß Sie »volljährig« oder »zweimal volljährig« sind, beziehungsweise daß Sie »weiterhin vorhaben, 38 zu bleiben« (siehe auch Kapitel I.1).

Was Sie jedoch keinesfalls tun sollten: über Ihr Alter a) zu lamentieren, b) sich dafür zu entschuldigen, c) darüber zu lügen. Das bringt nämlich nichts – außer Frust. In erster Linie auf *Ihrer* Seite!

Ihr Aussehen

An die Männer: Wenn Sie nicht schreiben wollen, daß Sie eine Glatze (oder auch nur eine Halbglatze) haben, schreiben Sie es *nicht*. Im Endeffekt ist es nämlich wesentlich wichtiger, daß Sie im Vollbesitz Ihrer geistigen Kräfte sind als im Vollbesitz Ihrer Haarpracht. Ergo: Wenn »sie« fragt, woran sie Sie erkennt, wenn Sie sich verabredet haben, ist es immer noch früh genug, Farbe zu bekennen (siehe Kapitel I.4).

Was Sie – Männer *und* Frauen! – jedoch keinesfalls tun sollten ist: sich als »Richard Gere« oder »Sophia Loren« anzupreisen, wenn Sie wahrlich nicht so aussehen. Oder sich »gebildet« zu nennen, wenn es nicht weit her ist mit Ihrer Bildung. Das einzige, was Ihnen solche Übertreibungen einbringen, ist ein erstes Treffen mit dem anderen. Ein frustiges. Weil es ein frostiges sein wird.

Denn wenn sich ein angeblich »gutaussehender« Mensch als bestenfalls blaß bis schlimmstenfalls zerknittert-verbittert entpuppt und sich die Gesprächsthemen eines »Gebildeten« auf Fußball oder »Dallas« beschränken, ist die Sache bereits gelaufen. Weil man sich verschaukelt fühlt. Und wer möchte schon gern verschaukelt werden?

Im Klartext: Untertreiben Sie lieber ein wenig (und wirklich nur »ein wenig«, *nicht* mehr!), anstatt sich als Marilyn Monroe zu verkaufen, wenn Sie lediglich ein weißes Sommerkleid mit raffiniertem Dekolleté besitzen. Oder als Marcel Reich-Ranicki, wenn Sie gerade mal das neueste Perry-Rhodan-Heft gelesen haben.

Wo immer Sie übertreiben, wecken Sie nämlich im anderen eine Erwartung, die sich nie und nimmer erfüllt. Weil sie sich gar nicht erfüllen *kann!* Und das nicht nur, was Ihre *äußere* Erscheinung angeht!

Ein Kapitel für Offertenschreiber

Klar haben diejenigen, die inserieren, bestimmte Ansprüche an diejenigen, die sie suchen. Ansprüche wie:

- das Bildungsniveau
- die geistige Einstellung
- die religiöse Einstellung
- den Kinderwunsch (ja/nein)
- die äußere Erscheinung
- Nicht-/Raucher(in)
- Wohnort

Die ersten vier sollten Sie unbedingt erfüllen, sonst kommen Sie nie miteinander klar – wie Sie aus Kapitel 1 wissen. Bevor Sie eine Annonce beantworten, müssen Sie sich also ernsthaft überlegen:

1. Inwieweit stimmt der Inserent mit Ihren Wunschvorstellungen überein?
(Siehe Kapitel 1, 4, 5.)

2. Inwieweit stimmen Sie mit den Wunschvorstellungen des Inserenten überein? (Siehe Kapitel 1, 4,5.)

3. Legen Sie die Worte des Inserenten auf die Waagschale! (Siehe Kapitel 4 und 5.)

4. Lesen Sie zwischen den Zeilen! (Siehe Kapitel 2, 5 und *Anzeigen lesen – (k)eine Kunst.*)

Woran Sie sich jedoch nicht immer halten müssen, ist:

Der Wohnort (»Zuschriften erbeten aus Raum 3«)

Sollte es beim Lesen einer Anzeige bei Ihnen gefunkt haben und sollten Sie dann mit Ihrem Brief ebenfalls ins Schwarze treffen, ist es völlig unwichtig, wo Sie wohnen – solange Sie »ortsungebunden« sind. Derjenige, der einen bestimmten Ort(skreis) angibt, kann dort nämlich meistens nicht weg.

»Praktisch« ist es zwar nicht, sich in einen Menschen in einer weiter entfernten Stadt zu verlieben – aber wenn's denn der richtige ist, sind Entfernungen nicht das entscheidende Problem.

Dazu kommt, daß mich die Suche nach einem Mann quer durch Deutschland weniger kostete als die Mitgliedschaft in Deutschlands ältester Ehe-Partnervermittlung. Und sehr viel ergiebiger war (siehe auch Kapitel 8)!

Weshalb also sollten Sie sich an Ortsvorgaben halten, wo Sie doch bereit wären, um die halbe Welt zu *laufen* – wüßten Sie, daß Sie dort Ihren Traumpartner finden!

Ansonsten gibt es, was Inserenten und Offertenschreiber betrifft, noch ein paar »No-Nos«, die Sie unbedingt beachten sollten, bevor Sie Ihre Annonce respektive Ihren Brief formulieren. Welche das sind, erfahren Sie auf den folgenden Seiten.

(K)eine Frage der Definition
oder
Ersatzlos gestrichen

Ein Kapitel für Inserenten

Bevor Sie beginnen, Ihre Anzeige zu formulieren, vorab noch eine Liste der Formulierungen, die Sie tunlichst vermeiden sollten. Weil sie überhaupt nichts aussagen. Oder aber schlicht und ergreifend dumm sind. Und zwar nur dumm. Wie:

1. Rechtfertigungen/Entschuldigungen zu inserieren

»aus Mangel an Gelegenheit«
»keineswegs fehlt es uns an Gelegenheit«
»auf diesem heute nicht mehr ungewöhnlichen Wege«
»es ist sonst nicht meine Art, Anzeigen zu schreiben«
»auch wenn Sie sonst nicht auf Anzeigen schreiben«
»auch wenn Sie es nicht nötig haben, Anzeigen zu lesen«

Merke:

Wenn Sie schon eine Anzeige aufgeben, sollten Sie auch dazu stehen. Weil Sie sich sonst nie damit wohlfühlen werden, den anderen »auf diese Art und Weise« getroffen zu haben (siehe auch Kapitel III.4).

Merke erst recht:

Annoncen sind die beste Möglichkeit, *gezielt den* Menschen kennenzulernen, den man gerne als Partner hätte. Weil die Standpunkte von Anfang an geklärt sind – oder sich schneller als sonst klären lassen.

2. Klischeehafte Selbstdarstellungen

»Traumfrau«, »Traummann«
»Abendkleid- und Jeans-Typ«, »Smoking- und Jeans-Typ«
»mit Ecken und Kanten«
»vielseitig interessiert«
»mit Herz, Hirn, Humor«
»lebensbejahend«

Merke:

Jede(r) stellt sich unter »Traummann«/»Traumfrau« etwas anderes vor. Und auch die anderen Klischees sagen überhaupt nichts aus – über die Art der »Ecken und Kanten«, der »vielseitigen Interessen«, des »Herz, Hirn und Humor«.

Merke erst recht:

Wenn Sie schon »Ecken und Kanten« etc. haben, warum spezifizieren Sie sie dann nicht? Und wenn Sie nicht »lebensbejahend« wären, würden Sie dann einen Partner suchen?

3. Klischeehafte Wunschvorstellungen vom Partner

»nett«
»adäquat«
»unkonventionell«
»mit Niveau«

Merke:

Davon abgesehen, daß »nett« eher eine Beleidigung ist als ein Kompliment, beschreibt keines dieser Wörter, was Sie wirklich meinen.

Merke erst recht:

Natürlich wird jeder Offertenschreiber Ihnen versichern, daß alle diese Eigenschaften auf ihn zutreffen. Nur: Woher wissen Sie, ob seine Definition die gleiche ist wie Ihre? Gerade *das* ist ein Gebiet, auf dem Männer und Frauen verschiedene Sprachen sprechen.

4. Klischeehafte Vorstellungen über die Art der Beziehung

»für eine harmonische Partnerschaft«
»zum Pferdestehlen«
»durch dick und dünn gehen«
»zum Leben, Lieben, Lachen (Weinen)«

Merke:

Jeder Mensch, der eine Beziehung eingehen möchte, erhofft sich *natürlich* eine »harmonische Partnerschaft« – sonst könnte er schließlich allein bleiben (siehe auch Kapitel IV.5).

Merke erst recht:

Selbstverständlich beinhaltet eine gute Partnerschaft, daß man auch Tiefs miteinander durchsteht. Folglich muß man das nun wirklich nicht extra erwähnen! Und das »Miteinander-Pferdestehlen« ist als wesentliche Grundlage für eine Beziehung ein bißchen mager.

5. Plump-vertrauliche Anreden

»Liebling, wo bist Du?«
»Warum versteckst Du Dich vor mir?«

Merke:

Noch ist der andere nicht Ihr »Liebling« (siehe auch Kapitel 6).

Merke erst recht:

Wenn sich auf eine solche Formulierung vorrangig diejenigen melden, die Sie eben *nicht* ansprechen wollten, sind Sie selber schuld!

6. Binsenweisheiten

»Glück verdoppelt sich, wenn man es teilt ...«
»Zu zweit ist alles viel schöner ...«
»Es ist nicht gut, daß der Mensch allein sei ...«

Merke:

Diese abgedroschenen Sprüche sagen nur eines über Sie aus: daß es Ihnen mehr liegt, sich hinter allgemeinem Bla-Bla zu verstecken, als eine eigene Meinung zu äußern (siehe auch Kapitel II.3).

Merke erst recht:

Wenn Sie sich eine Annonce schon ein paar Anschläge mehr kosten lassen wollen, warum geben Sie Ihr Geld dann nicht für aussagekräftigere Beschreibungen aus?

Maßgeschneidert
oder
Darf's ein bißchen mehr sein?

Ein Kapitel für alle

Die Form, die Sie für Ihre Annonce wählen, hängt von verschiedenen Kriterien ab – und nicht zuletzt von Ihrem Geldbeutel.

Klar kostet eine zehnzeilige Anzeige mehr als eine zweizeilige – wobei mit vielen Wörtern nicht unbedingt mehr ausgesagt wird als mit wenigen. Im Gegenteil. Weniger ist oft mehr – vorausgesetzt, daß Sie die wenigen Worte geschickt wählen. Beispiele dafür finden Sie in diesem Buch mehr als genug.

Ansonsten haben Sie die Wahl zwischen drei Grundtypen:

1. die Beschreibung der eigenen Person

2. die Beschreibung des Wunschpartners

3. ein wenig von beidem

1.

Der andere weiß sofort, woran er mit Ihnen ist. Ob er Ihre Selbstbeschreibung allerdings auch so verstanden hat, wie sie gemeint war, werden Sie dem Antwortschreiben entnehmen. Und Ihre Antwort an ihn wiederum entsprechend formulieren (Beispiele in Kapitel VII.1).

2.

Vorausgesetzt, daß der Leser Ihrer Anzeige einigermaßen selbstkritisch ist, wird er sofort wissen, ob er »Ihr Typ« ist – oder nicht. Zumal er, wenn er zwischen den Zeilen lesen kann, zugleich eine Vorstellung davon bekommt, was für ein Mensch Sie sind (Beispiele in Kapitel VII.2).

3.

Hierbei weiß der andere nicht nur sofort, ob er mit Ihnen »etwas anfangen« kann, sondern auch, ob er Ihren Vorstellungen entspricht (Beispiele in Kapitel VII.3).

Welche der drei Formen Sie auch wählen – es ist gar nicht so schwierig, eine erfolgversprechende Annonce zu formulieren. Alles, was Sie sich überlegen müssen, ist:

1. Was sollte der andere von Ihnen wissen, um Sie in etwa richtig einschätzen zu können?

2. Was erwarten Sie – kompromißlos! – vom anderen?

In jede Anzeige gehören – entweder als Selbstdarstellung oder als Wunsch – die ersten zwei bis eventuell vier der folgenden Punkte. Auf alle weiteren sollten Sie dann eingehen, wenn sie in irgendeiner Weise für Ihr Leben bestimmend sind:

Welche dieser Punkte nehmen einen so großen Raum in Ihrem Leben ein, daß ein potentieller Partner sie kennen und akzeptieren sollte:	**Welche dieser Punkte sind für Sie derart von Bedeutung, daß der andere sie auf die eine oder andere Weise erfüllen sollte:**
Alter/Größe/Gewicht	Alter/Größe/Gewicht
ledig/geschieden/getrennt	ungebunden/ohne (mit) Kind
Beruf(liche Richtung)	workoholic/Freizeitmensch
Kinder(wunsch)	ohne (mit) Kinderwunsch
Religionszugehörigkeit	(nicht) religiös orientiert
politische Einstellung	politische Aktivität
soziale Einstellung	sozial orientiert
Bildungsniveau	Bildungsniveau
Ernährungsgewohnheiten	Vegetarier/Gourmet
Sternzeichen	Sternzeichen
Katzen-/Hundefan	Tierliebe (Allergie!)
kulturelle Aktivitäten	kulturelle Interessen
aktive Sportarten	Sportarten
Tugenden	Tugenden
Laster	diese(s) Laster keinesfalls
ortsgebunden/-unabhängig	ortsgebunden/-unabhängig
viel auf Reisen	reisefreudig
mehrsprachig	Sprachkenntnisse
Lieblingsautoren	Lesegewohnheiten
Lieblingsmusik	Musikvorlieben
Lebensziel	Lebensvorstellung
Phantasien	Phantasien
sexuelle Neigungen	sexuelle Neigungen

Damit Sie mich nicht falsch verstehen: Klar kann der eine reiten, während der andere Tennis spielt. Oder ein Buch liest. Eng wird's nur, wenn einer nichts lieber tut, als zu segeln, und der andere nicht schwimmen kann und jedesmal seekrank wird, wenn's ein wenig schaukelt.

Und so sehr Sie Ihre Katze mögen: Es gibt nun mal Menschen, die gegen diese Tiere allergisch sind. Das wäre dann auch nicht die ideale Basis für einen Menschen, der an seinem Haustier hängt.

Und wenn einer ein Astrologie- oder Esoterik-Fan ist und der andere von »dem Zeug« nichts hören kann, dürften diese beiden auch nicht gerade das ideale Paar abgeben.

Notieren Sie sich also, was Ihnen wichtig ist – oder womit Sie absolut nichts zu tun haben wollen! –, und überlegen Sie sich dann, in welcher Form Sie es dem anderen vermitteln wollen.

Apropos wichtig:

Ein ernstes Wort: Wenn Sie wirklich meinen, in Ihrer Anzeige klotzen zu müssen (siehe Kapitel III.3), dürfen Sie sich über die Antworten nicht wundern.

Auf seine »etcetera«-Anzeige (Kapitel I.4) etwa hatte ein Freund von mir fast ausschließlich windige Zuschriften bekommen. Dann gab er noch mal eine Anzeige auf. Gleicher Wortlaut – bis auf die Yacht und die »etceteras«. Prompt waren die Antworten um ein Vielfaches seriöser.

Wenn Sie also Wert auf ein Mädel legen, das Ihr Geld ausgibt: klotzen Sie! Ist Ihnen an einer ernsthaften Beziehung gelegen: Lassen Sie die Prahlerei mit Ihren irdischen Gütern bleiben!

Bezüglich des Stils sollten Sie darauf achten, daß Ihre Annonce

1. einen guten »Einstieg« hat, so daß der Leser weiterlesen möchte,
2. dem Leser in etwa den Eindruck vermittelt, was für ein Mensch Sie sind – und/oder was für einen Menschen Sie suchen,
3. dem Offertenschreiber die Möglichkeit bietet, direkt auf Ihre Annonce einzugehen.

1.

Beispiele für einen »guten Einstieg« finden Sie in diesem Buch sicher mehr als genügend (siehe insbesondere Kapitel VII.5). »Hingucker« waren für mich beispielsweise:

»Männer wollen immer nur das Eine ...«
»Überall – 10 000 vergnügte weibliche Sommersprossen ...«
»Arbeit, Arbeit, Arbeit – da war doch noch was ...«
»Emanzipation hin, Emanzipation her ...«
»Falscher Fünfziger ...«
»Ich brauche keine Frau zum Kochen ...«

2.

Die »Grundkenntnisse«, die Sie dem Leser zukommen lassen sollten, sind in jedem Fall Alter/Größe/ Figur/Beruf(liche Richtung). Was Ihre Anzeige aber letztlich von allen anderen Anzeigen unterscheidet, ist der Hinweis auf irgend etwas für Sie Typisches. Oder auf etwas, das für den Menschen typisch sein soll, den Sie kennenlernen möchten. Auch Hinweise wie diese finden Sie in diesem Buch (in allen Kapiteln)! Wie:

»Ein Niederrheiner weiß nichts, kann aber alles erklären ...«
»Amerikaner... nikotin-, alkohol- und fernsehfrei ...«

»Frau mit Vaterkomplex sucht Mann!«
»Wiedergeborene Christin ...«
»Suche nicht: Erotiker, Opel-Ford-Fahrer, Apostel ...«
»Du magst zunächst einmal dich selbst ...«

3.

Beispiele für die Möglichkeit einer direkten Reaktion des Offertenschreibers sind (siehe Kapitel 6):

I: »Akademikerin ... sucht emanzipierten Mann ...«
A: »Nun denn. Ich wasche meine Hemden selber ...«
I: »Tollwutgeimpft? Unternehmerin mit ›Privatzoo‹ ...«
A: »Solange Sie keine Alligatoren in der Badewanne halten ...«
I: »Fühlen Sie sich reif für die Ib. Halbinsel ...?«
A: »Reif und fit. Spreche fließend Spanisch ...«
I: »Aus dem Rahmen fallender phantasievoller Löwe ...«
A: »Gut gebrüllt, Löwe ...!«
I: »Lieben Sie die Herausforderung ...?«
A: »Angenommen!«

Eine wichtige Überlegung ist auch, wie Sie Ihre Anzeige formulieren wollen:

1. direkt, nüchtern
2. indirekt, witzig

1.

Er, 24/1,82/80, Raucher, tierlieb, feste Arbeit, kein Discotyp, sucht solide, häusliche Frau ...

Witwer, 55/1,72, sportl., schlank, läuft gern Ski, wandert gern, 1 x monatl. Oper, wünscht eine nette Partnerin kennenzulernen ...

2.

UNVERBESSERLICHER FEINSCHMECKER (38 – 1,92 – Norddeutscher, ortsungebunden), der sich im Leben immer die Rosinen herausgepickt hat, sucht eine Frau, die ganz Rosine ist . . .

»Sie«, 38 J., 1,70, 55, sucht Ihn – der soviel »Grips« hat, daß ihn der meinige nicht stört – für eine ehrliche u. liebevolle Dauerbeziehung . . .

Arzt, 37/1,80, schlk., bisher berufl. allzusehr eingebunden, mö. sich verlieben . . .

Weitere Beispiele finden Sie in allen Kapiteln.

Weiterhin sollten Sie sich überlegen: Hat es Sinn, nur »Bildzuschriften« zu verlangen? (Siehe auch Kapitel 6 und 7)

PRO

Sie können die Post anhand der Fotos vorsortieren. Sie können feststellen, inwieweit Brief und Foto zusammenpassen.

CONTRA

Es könnten Ihnen einige interessante Antworten entgehen.

Nicht alle Menschen besitzen Fotos, die sie wirklich so zeigen, wie sie sind.

Es kann Sie immer noch der Schlag treffen. Dann nämlich, wenn das Foto etwas völlig anderes ausstrahlt als der Mensch, der Ihnen eines Tages gegenübersteht. Oder wenn das Foto 20 Jahre alt ist.

Das war's dann zu diesem Thema. Wenn Sie umblättern, erfahren Sie, was ich den Leuten, die Ihre Annonce beantworten könnten, an guten Ratschlägen mit auf den Weg gebe. Als »Zusatzinformation« kann es Ihnen also überhaupt nicht schaden, die nächsten Kapitel ebenfalls zu lesen!

Zwei Seelen – ein Gedanke
oder
Kopf und Bauch

Ein Kapitel für Offertenschreiber

Dieses Kapitel wendet sich in erster Linie an die Offertenschreiber – ist aber keineswegs uninteressant für Inserenten. Hier geht es nämlich darum, als Leser zu erkennen, was für ein Mensch hinter welcher Anzeige steckt. Wichtig dazu sind folgende Gedanken:

Inwieweit stimmt der Inserent mit meinen Wunschvorstellungen überein?

Gewiß lohnt es sich, Konzessionen zu machen, wenn es um unwesentliche Dinge geht. Angenommen also, ein Inserent ist – seiner Selbstdarstellung zufolge – von seinen Interessen und seinem Charakter her genau der Mensch, den Sie sich als Partner immer erträumt haben. Dann wird es halb so wild sein, daß er nur 175 cm mißt statt stolzer 190.

Ist er aber politisch »rot-grün«, während Sie der CDU/CSU nahestehen: vergessen Sie ihn. Selbst wenn er sonst alles hat, was Sie sich von ihm wünschen (siehe Kapitel 1 und 4).

Das ist ja das Schöne an Inseraten: Daß man »Auswahlkriterien« hat, nach denen man »sortieren« kann, wen man anschreibt und wen nicht. (Und daß der Inserent aus den Antworten auf seine Annonce die Offertenschreiber rauspicken kann, die kennenzulernen ihm interessant erscheinen.)

Kurzum: Seien Sie sorgsam in Ihrer Vorauswahl. So

können Sie sich – und auch dem anderen – eine Menge unnötigen Frust ersparen.

Inwieweit stimmen Sie mit den Wunschvorstellungen des Inserenten überein?

Das Alter

Wie dehnbar die »Altersgrenze« (nach oben!) ist, habe ich nur gemerkt, weil ich wegen meiner Buchprojekte auch Männer anschrieb, die als obere Altersgrenze ihrer Wunschpartnerin etwa »32« angegeben hatten. Das heißt: Sie sollten (mindestens!) acht Jahre jünger sein als ich.

Der Witz an der Geschichte: Alle »jungen« Männer – also die Anfang bis Ende 30jährigen – sind mir »geblieben«. Und alle junggebliebenen natürlich auch!

Im Klartext: Wenn Sie 40 sind, für 36(einhalb!) »durchgehen« und sich noch um einige Jahre jünger fühlen, müssen Sie sich nicht unbedingt an Alterseingrenzungen halten. Geraten Sie nämlich an einen »guten« Mann, wird der wissen, daß der Jahrgang nicht ausschlaggebend ist.

Übrigens: Für Frauen ergibt es durchaus Sinn, sich einen jüngeren Mann zu suchen! Nicht umsonst hat die Natur es schließlich so eingerichtet, daß

– Männer den Höhepunkt ihrer sexuellen Potenz zwischen 16 und 25, Frauen den Höhepunkt ihrer Sexualität aber erst ab 30 Jahren haben.

– die Frau den Mann, je nach dem Kulturkreis, in dem sie zu Hause ist, um sechs bis zehn Jahre überlebt . . .

Überhaupt haben jüngere Liebhaber unendlich viele Vorteile:

Sie sind – und das ist wahrscheinlich generationsbedingt – weniger verklemmt und äußerst offen für neue Erfahrungen. Aber versuchen Sie mal, einen älteren Mann, der auf bestimmte sexuelle Verhaltensweisen eingefahren ist, umzukrempeln!

Was das alltägliche Leben betrifft, sind jüngere Männer flexibler, als ältere es im allgemeinen sind. Sie machen kein großes Tamtam, wenn irgendwann irgendwas improvisiert werden muß.

Zudem hat der jüngere Liebhaber noch einen wesentlichen Vorteil – er ist »zu haben«. In Zahlen ausgedrückt: In Deutschland irren derzeit 200 000 Männer zwischen 20 und 29 Jahren umher, die keine gleichaltrige Partnerin finden. Mit anderen Worten – jüngere Liebhaber sind in großer Auswahl vorhanden!

Welcher Tatsache Sie übrigens, falls Sie ein Leser – und vielleicht gar noch ein Macho – sind, besondere Aufmerksamkeit schenken sollten, ist: Junger Mann/Reife-Frau-Beziehungen sind, so die Statistik, erfolgreicher und »haltbarer« als Älterer-Mann/Junges-Mädchen-Beziehungen!

Die Figur

Was zwar nicht ausschlaggebend sein »dürfte«, es aber eben oft ist, ist die Figur. Und wenn jemand ausdrücklich einen schlanken Menschen sucht oder einen molligen, dann meint er das auch. Bei dem, was man sich durch die Anzeige erhofft, geht es schließlich nicht allein um »innere Werte«, sondern auch darum, daß man den anderen gern anfassen mag. *Leidenschaftlich gern.* Sie wissen, was ich meine. (Siehe Kapitel I.4)

Ansonsten allerdings: Wenn Sie ein paar Zentimeter

weniger messen oder ein paar Pfunde (nicht Kilo!) mehr wiegen, als auf dem Wunschkatalog des Inserenten steht: Zögern Sie nicht, ihm zu schreiben (siehe Kapitel I.3). Die Männer, die ich über Anzeigen kennenlernte, hatten zum Teil eine stattliche Größe von über 190 cm. Und obwohl manche von ihnen eine Wunschgröße wie »ab 172 cm« angegeben hatten, »verübelte« mir keiner, daß ich kleiner bin: barfuß lausige 162 Zentimeter!

Interessen

Sucht er hingegen einen »gebildeten Partner«, der beispielsweise seine Liebe zum Theater, zur Literatur und zu klassischen Konzerten teilt, Sie aber Shakespeare nicht von Goethe und Wagner nicht von Mozart unterscheiden können, sollten Sie sich die Zeit, das Papier und das Porto für eine Antwort sparen. Selbst wenn Ihre Beine in den Himmel reichen und Sie die »blonde Löwenmähne« haben, die er sich noch *dazu* wünscht. Weil Ihre Interessen zu konträr sind.

Äußerlichkeiten

Apropos: Wenn ein Mann auf eine »blonde Löwenmähne« fixiert ist, sucht er keine Frau mit kurzem, schwarzem Haar. Das ist nun mehr als offensichtlich. Sollte er sich aber einen »Rotschopf« wünschen und sollten Sie – dank Henna oder ähnlichem – ein solcher sein, ist das völlig okay.

Im Klartext: »nahe dran« ist gut genug. (Es sei denn, daß der Herr ein Fetischist ist – aber dann können Sie sowieso auf ihn verzichten. Weil er immer mehr an dem Fetisch interessiert sein wird als an Ihnen!)

Das Rauchen

Das Rauchen sollte eigentlich auch kein Thema sein. Ist es aber. Als Raucherin *weiß* ich: Es hat für mich einfach keinen Sinn, versuchen zu wollen, mit einem militanten Nichtraucher zusammen zu sein. Selbst mit einem »normalen« Nichtraucher gibt es bereits Schwierigkeiten. Weil man dem anderen nicht zumuten kann, daß man sein Wohnzimmer vollräuchert. Und – ob Mann oder Frau – wer immer raucht, wird wenig Spaß daran finden, für die »Zigarette danach« aus dem Schlafzimmer zu verschwinden. Denn gerade diese Zigarette schmeckt mit am besten – so wie die nach dem Frühstück. Warum sollte man sich ausgerechnet diesen Genuß vermiesen lassen.

Und reden Sie sich jetzt bloß nicht ein, Sie könnten für den anderen mit dem Rauchen aufhören. Wenn überhaupt, kann man das nur für sich selbst. Sonst ist man nach drei Wochen – spätestens! – wieder dabei. Und muß sich dann vielleicht auch noch einen Vortrag zum Thema »Selbstdisziplin« anhören. Kurz und (gar nicht) gut: Liebe mag zwar Berge versetzen, aber sie ändert kein Suchtverhalten.

Legen Sie die Worte des Inserenten auf die Waagschale!

In der Regel können Sie davon ausgehen, daß ein Inserent sich überlegt, was er schreibt. Und hineinschreibt, was ihm wichtig ist (siehe Kapitel 1 und 4). Wenn also . . .

. . . ein Mann ein »Frauchen« sucht, dann meint er ein Frauchen – nicht eine Frau. Und wenn eine Frau einen »Schmusekater« möchte, dann meint sie einen Schmusekater – nicht einen Mann.

. . . jemand »durch Analyse gereift« ist, erwartet er jemanden zu treffen, der ebenfalls zu wissen glaubt, woran er mit sich selbst ist.

... jemand seine Religionszugehörigkeit mit in die Annonce setzt, können Sie davon ausgehen, daß er praktizierender Christ (Moslem, Buddhist o.a.) ist.

... jemand »im sozialen Bereich tätig« ist, sollten Sie sich eher auf »selbstgestrickt« als auf Designer-Mode einstellen.

... jemand in der Anzeige schwafelt (siehe auch Kapitel VII.8), wird er es wohl auch im »richtigen« Leben tun.

... jemand von sich behauptet, »Nichtraucher und Nichttrinker« zu sein, wird er auch von Ihnen erwarten, Kamillentee statt Rotwein zu bestellen.

... jemand nur in Kürzeln schreibt (siehe auch Kapitel VI.1), dürfen Sie annehmen, daß er auch sonst nicht der Großzügigste ist.

... jemand meint, Verse verfassen zu müssen (siehe auch Kapitel VII.4), sollten Sie sich darauf gefaßt machen, daß sich bei ihm vieles reimt.

... jemand in seiner Annonce klotzt, dürfen Sie davon ausgehen, daß er reichlich Komplexe hat. In erster Linie. Inwieweit er dann auch noch hat, was zu haben er vorgibt, steht auf einem anderen Blatt.

Lesen Sie zwischen den Zeilen!

Genauer: Hören Sie auf Ihre Intuition! Wenn Ihnen ein Inserat »trotz allem« ein ungutes Gefühl vermittelt: sparen Sie sich die Antwort darauf! Wenn es Sie hingegen ebenfalls »trotz allem« fasziniert: antworten Sie! Manchmal weiß der Bauch nämlich sehr viel mehr als der Kopf! Verlassen Sie sich also nicht allein auf Ihren Intellekt, sondern achten Sie immer auch auf Ihr Gefühl!

Und dann?

Ganz einfach: Wenn alles »stimmt«, können Sie dem anderen schreiben!

Werter »CD 1234«
oder
Ab die Post!

Ein Kapitel für Offertenschreiber

Fangen wir, was Ihr Antwortschreiben angeht, mit einer Grundsatzfrage an. Und die heißt:

Brief oder Karte?

Brief würde ich sagen – ganz generell. Oder *Briefkarte.* Gag-Karte hingegen nur dann, wenn sie einen wirklich außergewöhnlich treffenden Bezug zu dem Text des Inserates hat, sprich genau das trifft, was Sie sagen wollen. Da das aber höchst selten ist, würde ich, grundsätzlich jedenfalls, für Brief oder Briefkarte plädieren. (Garfield – in der rechten Hand einen Bleistift, in der linken einen unbeschriebenen Briefbogen mit Sprechblase »Oh, du weißes Blatt, inspirier mich!« – ist nun mal nicht jedermanns Geschmack!)

Den Brief schreiben Sie auf hochwertigem Papier und stecken ihn in den dazugehörigen Umschlag. Kariertes Papier vom Schreibblock macht sich nicht so gut! Und was es sonst noch an Schmierzetteln gibt, auch nicht! Denn es sieht genauso aus, wie es ist: billig.

Was Sie natürlich tun können, ist, direkten Bezug zur Annonce zu nehmen. Ein 30jähriger Kunsthistoriker, der »eine Frau wie Wein« suchte, bekam beispielsweise ein paar pfiffige Zeilen, die auf das vorsichtig abgelöste Etikett einer (edlen!) Flasche Wein geschrieben waren.

Fotokopien eines Briefes werden Sie *nicht* verschikken. Wenn Sie schon – wie ich – auf viele Inserate antworten und sie – *teilweise!* – mit einem Standardteil versehen: Tippen Sie ihn auf einer Maschine, die einen Textspeicher hat. Womit ich bei der zweiten Grundsatzfrage angelangt wäre:

Darf man tippen?

Sie werden lachen: *man darf!* Lesen Sie mal, was einer meiner Lieblingsautoren, Kurt Tucholsky, dazu geschrieben hat:

»Alle Maschinenschreiber werden mich verstehen: Eine Maschine kann einem so vertraut werden wie ein Federhalter. Das Glöckchen zirpt; wir kennen jeden Hebel ... Und wir wären sehr erstaunt, wenn uns jemand sagte: Wie unpersönlich –! Unpersönlich? Es ist doch unsere, unsere alte und treue Maschine. Und man kann alles lesen ...
Man darf tippen.
Man darf immer tippen.
Man darf nur dann nicht tippen, wenn es besser ist, mit der Hand zu schreiben ...
Aber macht es denn für den Wert einer Dichtung etwas aus, ob sie mit der Rechten geschrieben ist oder mit acht Fingern? Nein, es macht nichts für den Wert aus. Tippt, tippt.«

Im Klartext: Wenn Sie wie ich eine Schrift wie ein Huhn auf dem Misthaufen haben, *tippen Sie!* Wie soll der andere Ihren Brief sonst lesen können?

Fragen Sie mich nicht, wie lange es gedauert hat, bis ich den Brief eines Inserenten entziffert hatte! Eine Sauklaue hat er – und weiß es auch.

Wie gesagt, ein getippter Brief von ihm wäre mir lieber gewesen ... Nur – und das ist der Knackpunkt: Ein Mann, der nicht tippen kann, würde wohl kaum einer Sekretärin die Antwort auf eine Heiratsannonce diktieren. Was also sollten Männer mit Sauklaue in einem solchen Fall tun? Sich kurz fassen. Was immer die Inserentin von ihm wissen möchte, kann sie ihn dann ja fragen. Falls sie sich entschließt, ihn anzurufen.

Um noch kurz auf das berühmt-berüchtigte »Schriftbild« zu kommen: Mir genügt eine Unterschrift, um einen groben Eindruck zu bekommen. Ich will schließlich kein graphologisches Gutachten erstellen und schon gar nicht erstellen lassen.

Und da wären wir schon beim nächsten Punkt:

Die Anrede

Sie können natürlich die Chiffre-Nummer benutzen. Und ganz einfach schreiben: »Liebe(r)/sehr geehrte(r) »CD 1234!«« – wie ich es immer dann getan habe, wenn mir nichts Besseres einfiel.

Bessere Anreden gibt es nämlich durchaus. Und zwar in bezug auf den Text der Annonce:

I: *Doktor* ...
A: Lieber Doktor – was-für-einer-auch-immer!

I: *Graue Novembertage* ...
A: Brrhh ...

I: *Wanted – rather alive than* ...
A: Pretty much alive ...

I: *39 – 1,86 – 80* ...
A: An »39 – 1,86 – 80«!

I: *Prince Charming* ...
A: Your Charming Highness!

I: *SOS* ...
A: Ihr »SOS« ist angekommen ...

Der Einstieg

Wenn's irgend geht, sollten Sie auch hier Bezug auf die Annonce nehmen. Damit der Inserent merkt, daß Sie *ihm* antworten – und nicht mit gleichem Schreiben noch einem Dutzend anderer ...

I: *Zerstreuter Professor em. ...*
A: An den zerstreuten Professor em.! Zunächst einmal, zur Erinnerung: Sie haben im *Hamburger Abendblatt*, Ausgabe 9./10. September 1989, eine Annonce aufgegeben: *Zerstreuter Professor em. ...*

I: *Desperado ...*
A: Desperado ... looks, like you've come to your senses ... (nach »Desperado« von den Eagles)

I: *Eingefleischter Junggeselle ...*
A: An die vorprogrammierte Katastrophe! Um einem »eingefleischten Junggesellen« (dazu noch von 46 Jahren!) zu schreiben, muß man (frau) entweder hirnrissig, neugierig oder abenteuerlustig sein – betrachten Sie bei mir die mittlere Eigenschaft in jedem Fall als gegeben. Schon von Berufs wegen ...

I: *SAVOIR-VIVRE Mozart statt Amadeus, N. Y. statt Mallorca ...*
A: Oh! Ob Sie's glauben oder nicht: Ihre Annonce verschlägt mir schier die Sprache – und das will wahrlich etwas heißen, denn ich bin weiß Gott nicht auf den Mund gefallen ...

Der Stil

... im allgemeinen und im besonderen:

1.

Im allgemeinen würde ich Ihnen empfehlen, Menschen, die Sie nicht kennen, zu siezen, selbst wenn der Inserent Sie in der Annonce mit »Du« anspricht. Halten Sie sich an diesen Tip, wenn Sie nicht mehr Anfang 20 sind und sowieso alle Leute duzen!

2.

Ihr Stil ist Ihre »Visitenkarte«. Wie Sie den Text gestalten, ist eine Frage Ihrer Mentalität. Möglichkeiten gibt es genug:

Sie können im Stil der Annonce zurückschreiben:

wenn er englische Formulierungen eingebracht hat:
»Slightly used woman – bis auf ein paar Schrammen gut erhalten – 162 cm (barfuß) – mittelblond (im Sommer etwas heller). Schlank, aber nicht dürr, und auch ansonsten eher soft als hard. Charakter: vorhanden.«

wenn er gereimt hat:
»Lange schreiben
laß ich bleiben
zieh es vor
beim Telefonieren
direkt mich zu informieren.«
(siehe Kapitel VII.4)

wenn er den »Ich-suche-Stil« verwandt hat:
im »Ich-bin-Stil« zurückschreiben
(siehe Kapitel VII.2)

wenn er kurz und bündig formuliert hat:
ebenso kurz und bündig antworten
(siehe Kapitel II.1)

Sie können schlicht und ergreifend Ihren eigenen Stil benutzen.

Der Inhalt

Im Grunde können Sie *alles* schreiben! Alles, wonach Ihnen der Sinn steht. Denn *die* Menschen, die auf Ihrer Wellenlänge sind, *werden* sich melden, und auf die anderen können Sie sowieso verzichten. Sie haben die Möglichkeit,

auf die Wünsche, die der Inserent äußert, einzugehen. Indem Sie ihm verraten, inwieweit Sie ihnen entsprechen.

schlicht und ergreifend von sich zu erzählen. Wenn der andere darauf so abfährt wie Sie auf seine Annonce, ist ja alles klar.

dem anderen zu sagen, was Sie an seiner Annonce gereizt hat – und warum! – und ihm zugleich ein paar Informationen über sich selbst zu geben.

Sie können ihm darlegen, daß Sie kein Briefeschreiber sind, und ihn bitten, Sie anzurufen.

Ich würde Ihnen allerdings raten, folgende Punkte in *jedem* Fall zu beachten:

Erzählen Sie, was in Ihrem Leben wichtig ist . . . aber bitte nicht gleich Ihre *gesamte* Lebensgeschichte!

Behaupten Sie nicht: »Ich bin's . . . den Sie suchen« und auch nicht: »Sie sind's . . . die ich suche«.

Orakeln Sie nicht: »Sie werden nicht umhin kommen, mich zu treffen . . .« und erst recht nicht: »Ich weiß zwar, daß Sie mir sowieso nicht antworten werden . . .«.

All das sind nämlich Fehler, die Männer und Frauen in ihren Antworten auf Annoncen immer wieder machen. Darum ist es wichtig, diese Punkte zu erwähnen.

Der Schluß

Alles. Nur *nicht:* »Ihr(e)« oder »Dein(e)«. Denn das sind Sie ja (noch) nicht! Statt dessen:

»Herzliche Grüße!«

»Bis bald – oder auch nicht«

»Mit freundlichem Gruß!«

»Vorläufig oder endgültig«

Fragt sich nun, ob Sie mit Ihrem vollen Namen unterschreiben oder nicht. Und da messe ich, was Frauen und Männer angeht, mit zweierlei Maß:

Frauen

Bei Frauen genügt es, wenn sie mit ihrem Vornamen zeichnen. Und eine Telefonnummer angeben – sicherheitshalber ohne Adresse. Die »schwarzen Schafe« halten sich, meiner Erfahrung nach, bei Inserenten zwar in Grenzen, aber Vorsicht ist *immer* besser als Nachsicht.

Männer

Männer sollten preisgeben, wer sie sind. Sie wissen doch: Vorgestellt wird zuerst immer der Herr ... damit die Dame weiß, wen sie vor sich hat!

Wer ist wer?

Falls Sie parallel auf mehrere Anzeigen antworten, sollten Sie darauf achten, beim Telefonat so schnell wie möglich zu wissen, um welchen Inserenten es sich handelt. Zu diesem Thema gibt es zwei Varianten:

1.

Sie legen sich einen Doppelnamen zu. So jedenfalls habe ich es gemacht, um die verschiedenen Inserenten voneinander zu unterscheiden. Mal nannte ich mich »Anna-«, mal »Regina-«, mal »Sabine-« mal »Sophie-Constanze« – und so weiter und so fort. Beim ersten

Telefonat erklärte ich dann jeweils, daß »Constanze« mein *Ruf*name sei – und schon war ich aus dem Schneider.

2.

Eine sehr viel umständlichere – und auch nicht so narrensichere! – Methode ist es, nur Ihren echten Namen zu verwenden und jeden Brief mit einer Information zu spicken, die nur dieser eine Brief enthält.

Sie schreiben zum Beispiel
»A«: Ihr Sternzeichen sei »Löwe«
»B«: Ihr Sonnenzeichen sei »Löwe« und Ihr Aszendent »Fisch«
»C«: Dem chinesischen Horoskop nach seien Sie ein »Büffel«
»D«: Sie wohnen seit drei Jahren in München
»E«: Sie wohnen in München-Schwabing
»F«: Kein Wort von Astrologie oder seit wann Sie wo leben.

Nun können Sie den Anrufer, sollte er sich nicht von selbst »identifizieren«, schnell ausfindig machen:
Sie: »Habe ich Ihnen eigentlich gesagt, welches Sternzeichen ich bin?«
A: »Ja: ›Löwe‹!«
B: »Ja, Sie sind ›Löwe‹ ... oder war es ›Fisch‹?«
C: »Dem chinesischen Horoskop nach sind Sie ›Büffel‹!«
D/E/F: »Nein!«
Sie: »Habe ich Ihnen geschrieben, wie lange ich schon in München bin?«
D: »Ja. Seit drei Jahren.«
E: »Nein. Aber daß Sie in Schwabing leben, haben Sie gesagt.«
F: »Nein.«

Bildzuschrift?
Ganz einfach. Das steht Ihnen völlig frei:

1.

Sie ignorieren diesen Wunsch. So wie ich ihn grundsätzlich ignoriert habe. Und schreiben:

Ein Foto schicke ich Ihnen übrigens nicht, denn:

ich bin ein Chamäleon, woraus folgt, Sie müßten gleich eine Handvoll Fotos bekommen.

die neuesten Fotos von mir sind fünf Jahre alt. Da ich heute jünger aussehe als damals, schicke ich keines mit!

auf allen sehe ich entweder schöner oder scheußlich aus. Da ich Sie weder verschrecken noch falsche Hoffnungen in Ihnen erwecken will, geht dieser Brief ohne Foto ab.

selbst wenn ich nicht »Ihr Typ« bin, können Sie sich – versprochen! – überall und jederzeit mit mir blicken lassen. Kurzum: Sie müßten kein Mauseloch suchen, würden Sie und ich zusammen gesehen werden.

ich gebe grundsätzlich keine Fotos aus der Hand (verspreche Ihnen aber, daß Sie nicht der Schlag trifft, wenn Sie mich sehen!).

2.

Wenn Sie sich dazu entschließen, ein Foto mitzuschikken, dann

kein Aktfoto. Und auch keines, das Sie nur spärlich bekleidet zeigt. Fast alle Inserenten, mit denen ich sprach, hatten Aktfotos erhalten – und diese Zuschriften gleich auf das »Nein-Danke«-Häufchen gelegt!

kein »Gruppenbild mit Dame«. Sondern eines, auf dem Sie allein und gut zu erkennen sind.

kein Babyfoto. Das ist nun wirklich zu abgedroschen.

ABER: vielleicht mal etwas anderes. Sprich eine Fotokopie – schwarz-weiß oder in Farbe. Verfremdet oder nicht.

Wie schnell sollte die Antwort auf eine Annonce erfolgen?

Ganz einfach: *spätestens vier Wochen nach ihrem Erscheinen.* Über diesen Zeitraum hinweg nämlich wird Ihre Post an den Inserenten weitergeleitet.

Und: Wer zuerst kommt, mahlt *nicht* unbedingt zuerst. Mir beispielsweise, wurde der »39 – 186 – 80 Akademiker« (siehe oben) vor der Nase »weggeschnappt«, *obwohl* ich ihm noch am Erscheinungstag der Anzeige geschrieben hatte. Eine 29jährige, die – poststempelmäßig – wesentlich später bei ihm eingetrudelt war, machte das Rennen. Er traf sie nämlich vor mir – und verliebte sich Knall auf Fall.

Andere wiederum schrieb ich gerade noch rechtzeitig an – und hätte jede Chance gehabt, mit ihnen eine Beziehung zu versuchen.

Auf »verspätete Post« einen Einstieg zu finden, ist übrigens das Leichteste von der Welt:

I: *Zu gewinnen ...*

A: Sind die Würfel schon gefallen? Hat schon jemand »rien ne va plus« gesagt? Wenn nicht, hier mein EINSATZ ...

I: *Geschäftsmann ...*

A: Sehr geehrter CD 1234! Bereits das Datum dieses Briefes läßt Sie erahnen, was mit mir nicht stimmt: Ich arbeite zu viel und kümmere mich zu wenig um mein Privatleben ...

Ab die Post!

Und zwar *frankiert!* Unfrankierte Briefe lassen Inserenten meist zurückzucken, weil sie automatisch annehmen, der Offertenschreiber habe gleich einen ganzen Sack voller Antworten in der Chiffre-Abteilung der jeweiligen Zeitung abgegeben.

Und wenn Sie's wirklich eilig haben, den einen oder anderen Brief loszuwerden: Liefern Sie ihn ruhig persönlich bei der Zeitung ab – aber frankieren Sie ihn *trotzdem.* Dann sieht's nämlich lediglich so aus, als habe die Post vergessen, den Brief zu stempeln. Und schon ist der Inserent beruhigt, daß er nicht einer von vielen ist.

Qualität geht vor Quantität
oder
Bildzuschriften – garantiert zurück

Ein Kapitel für Inserenten

Je allgemeiner Sie Ihre Annonce gehalten haben, desto mehr Antworten dürfen Sie erwarten.

Nur: Nicht die *Quantität,* sondern die *Qualität* der Briefe ist letztlich entscheidend. Unter 100 Antworten auf eine allgemein formulierte Anzeige muß durchaus nicht der richtige Partner sein. Von nur drei Antworten auf eine konkret formulierte Annonce kann hingegen tatsächlich *eine* von genau der Person sein, die Sie sich als Partner wünschen. Was wiederum nicht heißen soll, daß Sie auf allgemein formulierte Inserate generell viel und auf konkret formulierte Annoncen generell wenig Antworten bekommen. Es kann auch genau umgekehrt der Fall sein!

Wes Geistes Kind das Gros der Offertenschreiber ist, hängt nicht zuletzt von der Zeitung ab, in der Sie inserieren – und natürlich auch von Ihrem Anzeigentext. Aus meiner eigenen Erfahrung weiß ich allerdings, daß zehn Prozent der Antworten von Menschen kommen, die zu treffen sich lohnt. So jedenfalls war es bei den Männern, die ich über Anzeigen kennenlernte und die mir von ihren Erlebnissen erzählten.

Die Kriterien, nach denen Sie die Antworten aussortieren, sind die gleichen, nach denen ein Offertenschreiber die Inserate herauspicken würde, auf die er antwortet:

Der erste Eindruck

Briefe, die von *Partnervermittlungs-Instituten* kommen, sollten Sie unbesehen in den Müll werfen (mehr dazu in Kapitel 8).

Sollte die Grammatik vorn und hinten nicht stimmen und die Orthographie noch viel weniger: Weg damit auf das Absagehäufchen. Wenn *Sie* die deutsche Sprache beherrschen und der andere nicht, kann eine Beziehung auf Dauer nicht gutgehen, weil Ihr Bildungsniveau wahrscheinlich viel zu unterschiedlich ist.

Sollten Sie für jedes zweite Wort zum *Fremdwörterbuch* greifen müssen, legen Sie diesen Brief am besten ebenfalls auf das »Nein-Danke«-Häufchen. Denn wie wollen Sie sich mit einem Menschen unterhalten, der unablässig in Rätseln spricht?

Unleserliche Briefe können Sie ebenfalls gleich eliminieren. Wenn's beim anderen *jetzt schon* am Einfühlungsvermögen hapert, kann es später nur noch schlimmer werden.

Der Inhalt

»Rundschreiben«, in denen der andere so überhaupt nicht auf Ihre Annonce eingeht, sollten Sie ebenfalls zu den Absagen legen. Weil es dem anderen nicht um *Sie* geht, sondern darum, *irgendeinen* Partner zu finden.

Ist der Briefeschreiber ein fröhlicher, nüchterner oder pessimistischer Mensch? Wenn er Ihnen die gesamte Tragödie seines Lebens vorheult: Vergessen Sie ihn. Viel Spaß werden Sie mit so einem bestimmt nicht haben.

Ist der Briefeschreiber ein aktiver Mensch, oder erhofft er sich von Ihnen, daß Sie ihn aus seiner Langeweile befreien? Jemand, der keinerlei Interessen hat, wird Ihnen eher ein Klotz am Bein als ein Partner sein.

Enthält der Brief Formulierungen, die bei Ihnen sämtliche Alarmglocken schrillen lassen? Z.B.: »kürzlich geschieden«, »(unverschuldet) in finanziellen Schwierigkeiten«, »die einsamen Nächte«, »Undank ist der Welt Lohn«, »Ich weiß, daß Sie mich nicht wählen werden, aber ich schreibe Ihnen trotzdem« und so weiter und so weiter (siehe auch Kapitel IV.4). – Dann weg damit.

Das Foto

Zeigt es beispielsweise

eine Frau, die an einem für zwei Personen gedeckten Frühstückstisch sitzt und sehnsuchtsvoll auf den leeren Platz ihr gegenüber starrt? Ab mit dem Brief auf das Absagehäufchen! Weil diese Frau sich mit großer Wahrscheinlichkeit ohne Mann nur als »halber Mensch« fühlt. Und wer hätte nicht lieber eine, die weiß, daß sie auch allein ganz gut zurechtkommt?

einen Mann, der zart und zerbrechlich wirkt, im Yoga-Sitz auf einem Kissen hockt – zurück an den Absender. Es sei denn, Sie wünschen sich nichts sehnlicher, als einen Esoteriker kennenzulernen ...

Ist es ein Aktfoto oder nahe daran? Zurück damit. Mit einem Nein-Danke-Brief. Sie suchen schließlich einen *Partner,* nicht nur jemanden fürs Bett.

Wirkt das Foto unnatürlich, gekünstelt, gestylt? Auch dann können Sie den anderen vergessen. Weil dieser Mensch nach dem Motto »Mehr Schein als Sein« lebt. Und Sie sind doch auf die Begegnung mit einem natürlichen Menschen aus!

Haben Sie den Eindruck, das Foto könnte zehn Jahre alt sein (von der Frisur, der Kleidung her)? Dann nichts wie zurück damit – wenn Sie beim Treffen

als Frau keinen Ohnmachtsanfall

als Mann keine herbe Enttäuschung

riskieren wollen.

Sollte es ein Ganzkörperfoto sein:
Was sagt die Körpersprache dieses Menschen aus?
Wirkt er selbstsicher oder verhuscht?
Macht er den Eindruck »Ich bin der Größte«?
Was sagt seine Kleidung über ihn aus?
Wirkt er gepflegt?
Wirkt er aufgestylt?
Wirkt sie wie Aschenputtel?

Enthält der Brief – trotz Ihrer Bitte – *kein* Foto, kann das verschiedene Gründe haben. Der andere
hat keines – zumindest keines, das ihn so zeigt, wie er ist.
ist nicht fotogen – und möchte sich die Chance zu einem Treffen mit Ihnen nicht durch ein schlechtes Foto verderben.
gibt grundsätzlich keine Fotos aus der Hand.

Kurzum: Wenn Ihnen der Brief vom Stil und Inhalt her zusagt, sollten Sie ruhig nachhaken. Aus Erfahrung weiß ich: Es sind nicht die häßlichsten Menschen, die kein Foto von sich verschicken!

Die Bilanz

Was Sie unbedingt bedenken sollten: Mit dem, was der andere Ihnen schreibt, mit dem Foto, das er Ihnen schickt, hat er eine einzige Motivation: Er will den *bestmöglichen* Eindruck auf Sie machen.

Ergo: Wenn der bestmögliche Eindruck des anderen in Ihren Augen der *schlechteste* ist – Finger weg! Denn dann haben Sie herzlich wenig gemeinsam. Also werden Sie ihm absagen.

Die Absage

Es versteht sich hoffentlich von selbst: Wenn sich schon jemand die Mühe macht, Ihnen zu schreiben, sollten Sie sich auch die Mühe machen, den Brief zu beantworten. Fair ist fair. Dazu haben Sie zwei Möglichkeiten. Sie erteilen die Absage:

1. schriftlich
2. telefonisch

1.

Sofern der Antwortbrief einen Absender trägt, ist es ganz einfach. Sie beschriften einen frischen Umschlag, stecken das Foto hinein und schreiben ein paar Zeilen dazu.

Wenn Sie mit der Absage ein paar Tage warten, können Sie jederzeit notlügen und dem anderen erklären, es habe bei Ihnen bereits gefunkt – beim ersten (zweiten, dritten) Telefonat – und daß es deshalb keinen Sinn mehr hätte, daß Sie beide einander noch träfen. Dann bedanken Sie sich noch für das Foto – »anbei zurück«. Wenn Sie möchten, dann wünschen Sie dem anderen noch viel Glück auf seiner weiteren Suche. Und das war's.

Unterschreiben können Sie den Brief unleserlich – falls Sie weiterhin anonym bleiben wollen. So einfach ist das.

2. Falls Sie nur eine Telefonnummer haben, sollten Sie dennoch absagen. Fernmündlich. Auch hier können Sie obige Notlüge verwenden – vor allem dann, wenn Sie sich nicht in eine Konversation verstricken lassen wollen, aber auch, wenn ein Anrufbeantworter eingeschaltet ist.

Achtung: Manchmal geschehen am Telefon die irrwitzigsten Sachen. Wenn Sie zum Beispiel absagen wollen – und dann plötzlich ganz fasziniert sind von der Stimme oder von der Fröhlichkeit, die der andere ausstrahlt.

Im Klartext: Wenn Sie nicht sofort mit der Notlüge

herausplatzen, ergibt sich vielleicht doch noch ein Gespräch, durch das der andere Sie wider Erwarten fasziniert.

Sollte das der Fall sein, fahren Sie fort, wie ich es Ihnen ganz generell empfehle und im folgenden Kapitel beschreibe.

»Bildzuschriften . . . garantiert zurück!«

Im Klartext: So schön oder so schaurig Sie ein Foto, das Sie bekommen haben, auch finden mögen: in die Brieftasche oder ab in den Müll damit ist nicht drin.

Selbst wenn Sie in Ihrer Annonce *nicht* geschrieben haben »Foto – garantiert zurück«, wäre es korrekt, es an den Absender zurückzuschicken. Falls es Ihnen also noch keiner gesagt hat, sage *ich* es Ihnen hiermit: Senden Sie jedes Foto, das Sie als Inserent/in bekommen, *unbedingt zurück!* Sonst können Sie sich eine Menge Ärger einhandeln: Sollte der Offertenschreiber nämlich auf die Idee kommen, die Herausgabe seines Fotos einzuklagen, sind die Chiffredienste (schon aufgrund der allgemein üblichen Geschäftsbedingungen der jeweiligen Zeitung) dazu verpflichtet, ihm Ihre Anschrift bekanntzugeben. Das war's dann in puncto »Anonymität«.

Sollten Sie ein Foto nicht zurück*schicken*, sondern lieber zurück*geben* – oder gar fragen wollen, ob Sie es behalten dürfen, ist das natürlich auch okay.

Es ist nicht alles Gold, was glänzt
oder
Es war schon immer etwas teurer...

Ein – unerläßliches! – Kapitel für alle

Wovor ich Sie aus meiner persönlichen Erfahrung heraus nur warnen, warnen, warnen kann ist, gegen Unsummen von Geld Mitglied eines Partnervermittlungs-Instituts zu werden!

Von allein kämen Sie wahrscheinlich sowieso nicht auf diese Idee – aber die Damen und Herren der Institute sind auch nicht von gestern: Und so schreiben sie all diejenigen an, die durch ihre Anzeige den Eindruck erwecken, »nicht ganz arm« zu sein. Und dann geht's weiter wie gehabt. Nämlich so wie bei denen, die sich auf Anzeigen melden.

Nur: So vielversprechend die Inserate auch sind: Es sind reine Lockangebote. Wie diese zum Beispiel:

> ***Ein Abendessen*** *zum Kennenlernen für die Frau, die sich auf diese Anzeige meldet.*

> ***Hamb. Chefredakteur...*** *möchte Dich unbedingt kennenlernen. Vielleicht bei einem Glas Schampus in Hamburg?*

Von wegen »Ein Abendessen zum Kennenlernen...« oder »... möchte dich unbedingt kennenlernen!« Nichts, aber auch *rein gar nichts* passiert, bevor Sie nicht Mitglied des Instituts geworden sind.

Im Klartext: Sie bekommen weder den einen noch den anderen (und natürlich auch keine der angepriesenen Frauen!) zu Gesicht, ohne kräftig dafür gezahlt zu haben. Und *wenn* Sie ihn dann treffen, stellt sich heraus, daß er eines von dreien ist, nämlich ein:

»Vorzeigemann« – und an einer Partnerschaft überhaupt nicht interessiert

»Ladenhüter« – der seit Jahren dabei ist und den keiner will

»Mismatches« – ein Partner also, die schlicht und ergreifend überhaupt nicht zu einem passen

Das heißt: Das »Preis-Leistungs-Verhältnis« vieler Institute stimmt vorne und hinten nicht. Sie könnten fast ebensogut blind auf irgendeine Anzeige der Ehewunschseiten irgendeiner Zeitung tippen und sagen: »Diese(r) soll es sein!« Selbst mit dieser Methode können Sie bei der Wahl ihrer Klienten kaum mehr danebengreifen als die Besitzerin einer in Hamburg ansässigen bekannten »Ehe-Partnervermittlung« in der Wahl ihrer Klienten, die einmal für mich tätig war. Und glauben Sie mir: Ich habe nicht nur intensiv, sondern vor allem auch offenen Herzens gesucht. Weil ich zu dem Zeitpunkt, als ich Mitglied dieses scheinbar gediegenen Instituts wurde, *tatsächlich* einen Mann suchte – warum also nicht auch dort. Dachte ich *damals.* Heute weiß ich es besser.

Woran es den meisten Instituten mangelt, wollen Sie wissen? Ganz einfach: Professionelle Ehevermittler nehmen sich – dies ist zumindest meine Erfahrung – erstens nicht nur keine Zeit, ihre Klientel auf Herz und Nieren zu prüfen, sondern zweitens fehlt es den meisten auch an Intuition, um die richtigen Leute zusammenzubringen. Vorausgesetzt – und auch das ist keinesfalls gegeben – sie führen überhaupt Männer und Frauen in ihrer Kartei, die zueinander passen. Und das stellte nicht nur ich – in der ach so gediegenen Hamburger Ehe-Partnervermittlung »Die Adresse für jung und alt« – fest; zu diesem Ergebnis kamen auch die Inspektorinnen der *Stiftung Warentest* in der *test*-Ausgabe vom November 1990:

»Die Chance, über ein Institut sein privates Glück zu finden, ist auch nach Berichten unserer Leser (Aufruf test 9/89) sehr gering. Das liegt zum einen daran, daß die »Kundenkarteien« der Institute zu klein sind, um Ihre Partnervorstellungen höchstwahrscheinlich erfüllen zu können . . .«

Kurzum: Die Chancen, den Mann/die Frau fürs Leben zu finden, liegen beim Schalten/Beantworten von privaten Heiratsanzeigen sehr viel höher. Und kostengünstiger ist die Angelegenheit auch noch. Selbst wenn Sie Ihr »I-Tüpfelchen« bundesweit suchen. Flüge quer durch Deutschland und die dazugehörigen Hotelaufenthalte kamen mich jedenfalls billiger als die Mitgliedschaft in Hamburgs alteinsässiger Ehe-Partnervermittlung. Dort zahlte ich 5.000 Mark plus Mehrwertsteuer – obwohl gerade *diese* Herren am wenigsten »wert« waren.

Es mag Ausnahmen geben, und etliche Menschen mögen sich auch durch ein Institut gesucht und gefunden haben. Aber: Wie wollen Sie das gute Institut herausfinden, ohne viel, viel Geld zu riskieren?

Das einzig Vorteilhafte an »kommerziellen« Anzeigen ist: *Sie müssen als solche zu erkennen sein.* Und das sind sie auch. Einmal durch Nennung des Instituts, zweitens durch ihre haarsträubenden Texte – bei denen häufig nicht einmal das Deutsch stimmt. Mal drücken sie auf die Tränendrüse . . .

Christopher 30/1,84 prakt. Arzt, eigene Praxis, so stellen sich viele den Mann vor, dem sie vertrauen kön-

nen. Ein Mann der alle Vorteile zu haben scheint, sehr gutes Aussehen, Charakter, ein gutes Herz und dazu alle materiellen Dinge: Geld, Auto, Haus, Reisen ... alles! Wirklich alles? Zu Hause ist er allein, dann fühlt er sich einsam und leer. Auch er verwindet es nur schwer, daß seine Verlobte ihn über 2 Jahre so betrogen hat. Christoph mag Häuslichkeit, Kinder, Natur, Unternehmungen, Gespräche, Romantik, Zärtlichkeit und alles was schön ist. Ein Kind ist für ihn kein Hindernis, aber ein Leben zu zweit, in dem Liebe, Ehrlichkeit und Treue selbstverständlich sind, daß sollte sie auch wollen. Rufen Sie an bei: CONTACTA ...

Frühjahrswunsch (mit »Originalbild«) der lieben Gaby. Sie ist 28 Jahre alt, 1,65 groß, sportlich, schlank, mit langen blonden Haaren und blauen Augen. Sie spielt Tennis und Squash, sie macht Gymnastik und geht ab und zu schwimmen. Laß Dich nicht täuschen, auch wenn ich auf dem Bild ernst gucke; ich lache gern. Ich habe beim Fotografieren immer ein wenig Angst. Vielleicht kannst Du ja fotografieren. Du machst dann bestimmt schönere Bilder von mir, die vielleicht auch ein bißchen mehr sexy sind? Wie kann ich Dich kennenlernen? Zwar habe ich einen Beruf, bei dem man mit vielen Menschen zusammen kommt. Aber ich kann ja kein Schild vor den kleinen Bungalow stellen: Partner gesucht! Bitte, wann rufen Sie an? IPW Partnervermittlung ...

... dann wieder wird geklotzt. Und zwar richtig:

***Internationaler Unternehmer**, Anfang 50/183, braun gebrannt mit leicht ergrauten Schläfen, sportl./elegant u. wirklich gutaussehend, aus allerbesten*

Kreisen, mit exklus. Villenanwesen u. Riesenvermögen – ein Traum von Mann – ist auf der Suche nach seiner Traumfrau, feminin, unternehmungsl., die den Luxus, das Leben u. alles Schöne liebt, die seinem priv. Leben wieder Sinn und Inhalt gibt. 75 Jahre Tischler…

Ein bildschönes Geschöpf! 29, 168, *mit langer Haarmähne, wundervollen großen ausdrucksvollen Augen und stolzer, gutproportioniert schlanker Figur. Tochter eines Weltunternehmens, int. aufgew., studiert, parkettsicher, sportl. (Segeln, Tennis, Ski, Reiten), begabt, erfolgreich, spontan und lebensbejahend. »Die Welt liegt ihr zu Füßen« – und trotzdem ist ihr der »Richtige«, mit überlegener, starker Persönlichkeit, weltoffen und charaktervoll, zum Heiraten und Familiegründen noch nicht begegnet! Claudia Püschel-Knies Partnervermittlung…*

Dr. jur. und ehemaliger Unternehmer der Spitzenklasse, *56/182, ein blendend jung aussehen der, sehr sympathischer Mensch, sein Vermögen von ca. 20 Mill. DM u. seine 800 Eigentumswohnungen mit einigen Mill. DM Jahreseinkommen ermöglichen ihm das Privatisieren u. totale Widmen der Familie, wünscht sich jüngere Ehepartnerin durch: Patrizier Alpenland…*

Eines der modernsten Unternehmen *baute er auf. Er ist 37 J., groß, schlank. Seine Busse sind in der ganzen Welt unterwegs. Sein Unternehmen genießt Weltrang. Doch das Schicksal machte auch vor ihm nicht halt. Seine Partnerschaft zerbrach. Nun aber bin ich in ein neues wunderbares Haus umgezogen, in einen Bungalow. Jedoch frage ich mich oft: »Wofür das* *alles? Wo ist die Partnerin an meiner Seite?« Vielleicht hast Du Lust, mich bei meiner Arbeit zu unterstützen. Sie bringt viel Spaß. Du hättest mit Reisen und Touristik zu tun. Oder bist nur die liebe Hausfrau. Auch gegen ein Kind hätte ich nichts einzuwenden. Wichtig ist nur, daß wir zusammen glücklich werden. Bitte rufen Sie an. IPW Partnervermittlung ... (mit »Originalbild«)*

Nein – und noch einmal *NEIN!* – das werden Sie *nicht* tun! Denn Ihre Chance, über eine Privatanzeige den »Richtigen« oder die »Richtige« zu finden, ist unendlich größer! *Ohne,* daß Sie dabei Ihr Geld zum Fenster rausschmeißen.

Nachdem Sie also *diesen* Anruf nicht tätigen, weiter mit solchen, die Sie in Angriff nehmen sollen und müssen – mit Inseraten und Briefen allein kommen Sie schließlich nicht weiter ...

Der heiße Draht oder *Gute Unterhaltung!*

Ein Kapitel für alle

Klar sind Sie nervös, wenn Sie den »ersten Anruf« tätigen. Und natürlich warten Sie ungeduldig auf den ersten Anruf als Reaktion auf Ihr Antwortschreiben. Denn egal, was in dem Inserat gestanden hat, und egal, welche Informationen ein Brief auf eine Annonce enthält, Sie wissen beide mit ziemlicher Sicherheit eines voneinander: Der andere wünscht sich ebensosehr eine Beziehung wie Sie.

Einerseits ist das natürlich sehr schön, denn damit wissen Sie, was Sie von keiner Partybekanntschaft wissen: Dieser Mensch ist frei, und bindungswillig ist er auch.

Andererseits setzt einen dieses Wissen natürlich auch unter Druck. Den Druck nämlich, sich relativ schnell zu entscheiden, ob – und wieweit – man den anderen kennenlernen möchte.

Lange Rede, kurzer Sinn: Sie ersparen sich beiden falsche Hoffnungen, wenn Sie bereits das erste Telefonat dazu nutzen, so viel über den anderen zu erfahren wie möglich. Und Zeit und Nerven sparen Sie auch.

Darum: Telefonieren Sie überlegt und in Ruhe mit dem anderen. Sonst ist das Gespräch von vornherein für die Katz.

Bevor es allerdings »ans Eingemachte« geht, sollten Sie ganz generell die Grundregeln des Telefonierens im Zusammenhang mit einer Anzeige kennen.

1. Der Inserent tätigt den ersten Anruf.
2. Der Offertenschreiber erwartet den ersten Anruf.

1. Für Inserenten

Sollte der Brief, den Sie bekommen haben, eine bestimmte Zeit vorgeben, zu der der Schreiber am besten zu erreichen ist – halten Sie sich bitte daran.

Sollte trotzdem der Anrufbeantworter eingeschaltet sein, können Sie

einhängen:
Doch dann kann es ewig dauern, bis Sie einen Draht zueinander haben. Weil Sie vielleicht immer just die Zeit erwischen, in der der andere nicht zu Hause ist ... aber daheim wäre, würde er mit Ihrem Anruf rechnen.

sich melden – beim Privatanschluß:
Melden Sie sich (zumindest) mit Ihrem Vornamen oder mit einem Hinweis auf die Anzeige/den Brief (wie »Hier ist der ›Selfmademan‹«, »Hier ist die ›Zweimalflügge‹« – oder schlicht und ergreifend mit Ihrer Chiffre-Nummer).

Hinterlassen Sie Ihre Telefonnummer (plus die Information, wann Sie am besten zu erreichen sind), und sagen Sie, daß Sie wieder anrufen – und wann.

sich melden – beim Büroanschluß:
Sagen Sie einfach Ihren Namen, und sagen Sie, wen Sie sprechen wollten, und hinterlassen Sie Ihre Telefonnummer. Oder aber sagen Sie, Sie versuchen es noch einmal.

Meldet sich der Offertenschreiber, sagen Sie zunächst

einmal höflich, wer Sie sind. Und das mit mehr als Ihrem Namen – damit Sie dem anderen Gelegenheit geben, Sie zu »identifizieren«. Tatsache ist nämlich, daß Sie – zumeist jedenfalls, und das ist auch richtig so! – nicht der/die einzige sind, der/die von dieser Frau/diesem Mann einen Brief bekommen hat. Seien Sie so lieb, und geben Sie zu erkennen, hinter welcher Annonce Sie sich verborgen haben.

Das erste, was Sie fragen sollten), ist: »Störe ich gerade?« oder »Haben Sie Lust und Zeit, jetzt mit mir zu reden, oder wollen wir lieber zu einem anderen Zeitpunkt telefonieren?« Es könnte schließlich sein, daß das Essen auf dem Herd steht, die Ex-Schwiegermutter oder die beste Freundin/der beste Freund überraschend zu Besuch ist.

Siezen Sie den Menschen am anderen Ende vorerst. Im Laufe der Zeit werden Sie genug Gelegenheit haben, zum »Du« überzugehen – das übrigens die Frau dem Mann anbieten sollte. Es sei denn, Sie gehören zum »Jungvolk«, wo jeder jeden duzt. Dann müssen Sie sich natürlich auch hier kein »Sie« abringen.

2. Für Offertenschreiber

Anrufe kommen zumeist dann, wenn man nicht damit rechnet. Nämlich früher oder später als gedacht.

Früher kommen sie, wenn es sich um ein Inserat in der *ZEIT* handelt. Es grenzt an Hexerei, wie schnell Chiffre-Post von dort aus weiterbefördert wird. Seien Sie also einen Tag eher für einen Anruf gewappnet!

Später kommen Reaktionen bei Briefen auf ein Inserat in der *FAZ* und – noch später – der *SZ*. Rechnen Sie also auch dann noch mit einem Anruf, wenn Sie die Hoffnung eigentlich schon aufgegeben haben!

Rechnen Sie unter Umständen auch mit Anrufen mit vierwöchiger bis dreimonatiger Verspätung. Sie sind zwar eher die Ausnahme als die Regel, aber sie werden getätigt. Ich habe fünf davon erhalten (von 76).

Seien Sie an den Abenden, an denen Sie mit einem Anruf rechnen können, zu Hause. Und zwar unabhängig davon, ob Sie einen Anrufbeantworter besitzen oder nicht. Denn daß Sie dem anderen geschrieben und ihm Ihre Telefonnummer gegeben haben, ist schließlich so etwas wie eine »Einladung« zu einem (Telefon-)Gespräch. Nimmt der andere sie an, sollten Sie auch für ihn erreichbar sein. (Auf jeden Fall aber zu der Zeit, die Sie in Ihrem Brief als »die günstigste« angegeben haben!)

Sitzen Sie nicht – und das gilt gleichermaßen für Männer und Frauen! – däumchendrehend vor dem Telefon. Lesen Sie, basteln Sie an Ihrer Steuererklärung, räumen Sie das Chaos in Ihren Schränken auf, schauen Sie fern – aber *tun* Sie etwas. Auf einen Anruf zu warten – *nur* zu warten –, ist immer verschwendete Zeit.

Melden Sie sich – falls Sie Ihren Nachnamen nicht preisgeben wollen – mit einem fröhlichen »Hallo«.

Sollten Sie auf mehrere Anzeigen geantwortet und der Anrufer sich nicht »identifiziert« haben, versuchen Sie zunächst einmal herauszubekommen, wen Sie am anderen Ende haben (siehe Ausführliches in Kapitel 6).

Sollte Sie das Telefonat zu einem ungünstigen Zeitpunkt erreichen, lassen Sie das den Anrufer wissen und

bitten Sie ihn, zu einem anderen Zeitpunkt noch einmal anzurufen oder bieten Sie an, ihn zurückzurufen – in fünf Minuten, einer halben Stunde, nach 22 Uhr.

Nichts ist einem ersten Telefonat nämlich abträglicher als Hektik und/oder eine gestörte Atmosphäre.

Für Inserenten und Offertenschreiber

Ist die Zeit für den Anruf günstig, können Sie loslegen mit der Konversation. Oder auch nicht. Es kommt nämlich ganz darauf an, wen man an der Strippe hat.

TYP A läßt gut »mit sich reden«. Das heißt: er ist – zumindest am Telefon – sicher genug, um sofort eine Unterhaltung zu beginnen oder auf ein Gespräch einzugehen.

TYP B muß man jedes Wort aus der Nase ziehen.

TYP C plappert ohne Punkt und Komma drauflos, so daß der andere kaum zu Wort kommt.

Wie kommen Sie mit welchem Typ zurecht?

Ganz einfach:

Sie sind TYP A und reden mit TYP A:

Da Sie sich offensichtlich beide artikulieren können, fällt es Ihnen leicht, die Unterhaltung auf so ziemlich jedes Thema zu lenken, das Ihnen wichtig ist. Und zwar – und das ist ausschlaggebend – intensiv und trotzdem locker.

Nutzen Sie diesen großen Vorteil, »telefonieren« zu können, indem Sie »vom Hölzchen aufs Stöckchen« kommen. Haken Sie nach, wenn Sie sich nicht ganz sicher sind, ob Sie den anderen richtig verstanden haben oder ob der andere Sie richtig verstanden hat.

Als TYP A fällt es Ihnen gewiß auch leicht, am Telefon zu blödeln – insbesondere mit einem anderen TYP A.

Tun Sie das. Denn so stellen Sie fest, ob Ihr Gesprächspartner humormäßig auf Ihrer Wellenlänge ist – was (auf Dauer jedenfalls) eine nicht unwesentliche Rolle spielt.

Sie sind TYP A und reden mit TYP B:

Nachdem zumindest *Sie* nicht auf den Mund gefallen sind, wird Ihnen nichts anderes übrigbleiben, als den anderen zu »locken«. Und zwar mit Fragen, die nicht mit »ja«, »nein«, »kommt drauf an« zu beantworten sind. Tauen Sie den anderen auf, indem Sie irgendeinen albernen »Schwank« des Tages erzählen. Und reden Sie ruhig erst vom Wetter, das so scheußlich ist – und wie gern Sie jetzt im sonnigen Süden wären. Der andere doch sicher auch – was stellt er sich denn so unter »Urlaub« vor? Oder erzählen Sie von dem letzten Film, den Sie gesehen haben. Und wann war der andere zuletzt im Kino? Und in welchem Film? Und warum hat er ihm gefallen oder warum nicht? Und was macht er überhaupt so in seiner Freizeit? Und dann kommen Sie darauf, wie früh Sie morgen aus den Federn müssen – oder (ausnahmsweise auch mal) nicht. Und wie ist das mit dem anderen? Fällt es dem leicht, früh aufzustehen? Hat er es weit bis zu seinem Arbeitsplatz? Macht ihm der Beruf Freude? Und wenn ja, warum und wenn nein, warum nicht und und und.

Über eine dieser Schienen müßte es Ihnen gelingen, den anderen in eine Konversation zu verwickeln. Gelingt Ihnen das nicht, vergessen Sie's. Es sei denn, Sie wollen immer derjenige sein, der ein Gespräch in Gang bringt und aufrechterhält. Mir jedenfalls wäre das auf die Dauer zu mühsam.

Sie sind TYP A und reden mit TYP C:

Vorteil ist: Der andere redet »ungefragt«. Der Nachteil: Sie können so gar nicht mitbestimmen, worüber. Aber auch hier: Da Sie ebenfalls nicht auf den Mund und schon gar nicht auf den Kopf gefallen sind, können Sie den anderen durchaus dazu bringen, mal (kurzfristig) den Mund zu halten und Sie etwas sagen zu lassen.

Wie Sie das tun?

Ganz einfach: Indem Sie auf das, was der andere sagt, nicht mehr reagieren. Sobald am anderen Ende Funkstille herrscht, will selbst TYP C mal was von Ihnen hören. Und sei es nur, daß Sie noch »da« sind. Diesen Moment können Sie nutzen, um klarzustellen, daß Sie das Gehörte ja sehr interessant fanden, jetzt aber zur Abwechslung ein bißchen von sich erzählen wollen, weil Sie erfahren möchten, ob Ihr Gesprächspartner sich auch für die Dinge interessiert, die Ihnen wichtig sind.

Funktioniert der (legitime!) Trick, ist ja alles in Ordnung. Funktioniert er nicht: Seien Sie gewarnt! Es sei denn, Sie wollen es zulassen, immer totgeredet zu werden und nie einen Ihrer Gedanken loswerden zu können.

Sie sind TYP B und reden mit TYP A:

Mag ja sein, daß Sie den Mund kaum aufkriegen. Aber wenn der andere Ihnen schon goldene Brücken baut, sollten Sie sich ein Herz fassen und drübergehen. Erinnern Sie sich, daß die Annonce, die Sie aufgegeben oder beantwortet haben, nicht »Waschmaschine billig abzugeben« hieß, sondern »Grieche sucht Griechin«. Und daß es Sinn und Zweck dieser Anzeige – und insbesondere dieses Telefonats – ist, einander kennenzulernen. Und zwar insoweit, daß Sie beide in etwa abschätzen können, ob Sie den anderen persönlich kennenlernen wollen oder nicht. Vertun Sie also nicht die gute Chance, miteinander zu reden.

Sie sind TYP B und reden mit TYP B:

Treffen diese beiden zusammen, kann man fast schon von einer »mittleren Katastrophe« sprechen. Positiv Denkende würden sagen: »Einen Vorteil hat das ganze. Beide wissen sofort, daß sie einander nichts zu sagen haben. Und verschwenden somit keine weitere Zeit.«

Sie sind TYP B und reden mit TYP C:

Auf den ersten Blick eine gelungene Kombination. Aber *nur* auf den ersten. Weil's – im Endeffekt – nie zu einem richtigen Gedankenaustausch kommen kann. Wie denn auch, wenn einer immer nur redet und der andere immer nur schweigt!

Sie sind TYP C und reden mit TYP A:

Sie wissen selbst, daß Sie eine Quasselstrippe sind, denn Freunde haben es Ihnen sicherlich schon gesagt. Folglich heften Sie sich am geschicktesten einen Zettel ans Telefon mit der Erinnerung: »Nicht ohne Punkt und Komma reden!« Vielleicht nützt das ja was. Denn wenn Sie den anderen auch mal zu Wort kommen lassen, erfahren Sie auch etwas über seine Gedanken. Daß er Sie kennenlernt, ist schließlich nicht genug. Sie sollten sich auch die Chance geben, *ihn* kennenzulernen. Es geht hier schließlich um eine potentielle Beziehung!

Sie sind TYP C und reden mit TYP B:

Achtung, Achtung und noch einmal Achtung, wenn Sie stundenlang ungestört zu Wort kommen! Dann weiß der andere nämlich bald alles über Sie und Sie nichts über ihn. Damit sind die »Kräfte« höchst ungleich verteilt. Und Sie garantiert im Hintertreffen – weil Sie sich so gar keine Chance gegeben haben herauszufinden, wes Geistes Kind der andere ist. Und das kann früher oder später zu einem bösen Erwachen führen!

Sie sind TYP C und reden mit TYP C:

Nur zu! Fallen Sie einander pausenlos ins Wort! Aber wenn Sie immer gleichzeitig reden, reden Sie aneinander vorbei. Wenn Sie nicht wirklich beide »runterschalten« können, vergessen Sie's! Aus permanentem Aneinandervorbeireden wird nie eine gute Beziehung!

Die Themen

Wie und welche Themen Sie anschneiden, wissen Sie nun. Aber »NO-NO's« gibt es hier natürlich auch. Und dazu gehören all die Fragen, die für den anderen oder für Sie peinlich werden könnten.

Peinlich wird's, wenn sie versuchen herauszubekommen, was der andere verdient. Durch plumpe Fragen nach dem Wagen, den der andere fährt, provozieren Sie lediglich Understatement (der Befragte behauptet, er führe einen Golf Diesel, in Wirklichkeit hat er einen Jaguar und eine Villa am Meer) – oder Lügen. Denn Geschäftsbeziehungen hat derjenige wahrscheinlich genug; was er sucht, ist eine private.

Klar ist es nicht unwichtig, was der andere verdient. Nur vorrangig sollte wahrlich etwas anderes sein. Ob Sie sich mit dem anderen verstehen. Ob Sie – wenn auch um andere Ecken – in die gleiche Richtung denken. Ob Sie über dieselben Dinge lachen können. Ob Sie – in etwa zumindest – das gleiche Bildungsniveau haben. Ob Sie – wenn auch auf anderen Ebenen – gleichermaßen kreativ sind. Ob und wo sich Ihre Phantasien treffen. Oder, um Ihnen ein »Gleichnis« zu erzählen:

Zwei Mädchen gehen im Wald spazieren und treffen auf einen Frosch. Der sagt: »Küß mich! Ich bin ein verwunschener Millionär!« Daraufhin hebt eines der Mädchen den Frosch vorsichtig auf und steckt ihn in die Tasche. »Warum machst du das denn?« fragt die andere. »Nun«, antwortet das Mädchen,

»Millionäre gibt es wie Sand am Meer . . . aber Frösche, die sprechen können!«

Alles klar?

Dann zurück zum ersten Telefonat. Und den NO-NO's, die damit verbunden sind. Ein unbedingtes NO-NO sind Fragen wie:

»Wie viele Briefe haben Sie auf das Inserat bekommen?«, »Mit wieviel anderen haben Sie bereits telefoniert?«, »Haben Sie durch Ihr Inserat schon Leute getroffen«, respektive:

»Wie viele andere Inserenten haben Sie angeschrieben?«, »Haben sich schon andere bei Ihnen gemeldet?«, »Wie viele Inserenten haben Sie bereits getroffen?«

. . . es sei denn, daß der andere das Thema von selbst anschneidet.

Warum Sie solche Fragen vermeiden sollten?

Ganz einfach. Weil dies kein Verhör, sondern eine Unterhaltung werden soll. Und weil es – derzeit zumindest – völlig unwesentlich ist, was wer wann mit wem tat. Wichtig ist einzig und allein, daß Sie beide in dieser Minute miteinander telefonieren. Daß das Interesse des anderen sich hier und jetzt auf Sie konzentriert. Und daß Sie nicht vom Thema ablenken sollten!

Ganz wichtig ist es auch, auf Untertöne zu achten! Wann immer mich während eines Telefonates ein »ungutes« Gefühl beschlichen hatte, stellte sich später heraus, daß meine Intuition mich nicht getrogen hatte. Die Glatten, Öligen waren auch live und in Farbe wie Brillantine. Die ach so Gewitzten und Schlagfertigen waren Auge in Auge noch weniger zu ertragen. Und die, mit denen man nur ernsthaft reden konnte, ebensowenig.

Noch einmal also: Lassen Sie sich Zeit beim ersten Telefonat. Plaudern Sie ein wenig mit dem anderen. Und achten Sie nicht nur darauf, was er sagt – sondern eben auch auf das Wie. Und trauen Sie Ihrem Gefühl. Es hat schließlich keinen Grund, Sie zu belügen!

Selbstverständlich kann der erste Eindruck am Telefon auch in die Irre führen – ich habe es oft genug selbst erlebt. Aber *immer nur dann,* wenn ich keine fünf Minuten mit dem anderen gesprochen, sondern mich sofort mit ihm verabredet hatte. Da passierte es schon mal, daß ich dachte: »So ein Stoffel! Den schau ich mir an – aber nur fürs Buch!« – und dann auf einen Mann traf, der mich wirklich interessierte. Als Mensch. Und auch mal als Mann. Und es passierte auch umgekehrt. Daß ich mich auf mein »blind date« freute – und das Treffen ein totaler Reinfall wurde.

Womit sich wieder einmal »Gillenson's Gesetz der Erwartung« bewahrheitet hatte: »Freuen Sie sich nicht zu früh – wenn Ihr blind date eine schöne Telefonstimme hat.«

Wie beenden Sie das Telefonat?

Wenn's uninteressant war ... für Sie

Seien Sie taktvoll – und verwenden Sie ausnahmsweise ruhig mal eine Notlüge. Wie: »Ich suche eigentlich jemanden, der mit mir auf den Mount Blanc kraxelt«, »... der mit mir nach Hintertupfing zieht«, »... der (keine) Kinder möchte«, »... der nicht raucht«. Geben Sie also vor, das genaue Gegenteil des Menschen zu suchen, den Sie an der Strippe haben.

Wenn's interessant war ... für beide

Solange der andere nicht mit einem obigen (oder ähnlichen) Spruch aufwartet, sondern sich interessiert zeigt, Sie zu treffen, werden Sie *ebenfalls* eine Notlüge benutzen. Wie: »Wir können uns frühestens in einer Woche treffen. Bis dahin habe ich – dummerweise ausgerechnet jetzt! – zu viel zu tun.«

Damit nämlich geben Sie sich und dem anderen mindestens eine weitere Gelegenheit, miteinander zu telefonieren. Und bereits beim zweiten Telefonat werden Sie wissen, weshalb ich Ihnen diese Methode des langsamen Kennenlernens so sehr ans Herz lege. Denn dann reden Sie schon viel vertrauter miteinander. Und beim dritten Telefongespräch werden Sie einander noch ein wenig näherkommen – auf freundschaftlicher Ebene.

Wenn Sie sich dann in einem Restaurant begegnen, werden Sie auf jeden Fall miteinander reden können. Vor allem aber werden Sie nicht erwarten, Amor persönlich vor sich zu sehen, sondern Sie werden sich auf die Begegnung mit *dem* Menschen freuen, mit dem Sie durch Ihre Telefongespräche schon so manches verbindet. Und das normalisiert die Erwartungshaltung. Auf *beiden* Seiten. Und Sie werden häufig freudig überrascht sein, wie es angehen kann, daß ein so geistreicher Gesprächspartner zugleich eine äußerst attraktive »Hülle« hat! Zumindest aber eine sympathische.

Ich weiß, wovon ich rede. Die Männer, die mir aus dieser Erfahrung als Freunde »blieben«, sind die, mit denen ich am Telefon ein »freundschaftliches Verhältnis« aufgebaut habe. Oft über Wochen, manchmal über Monate, weil es tatsächlich nie so hinkam, daß man sich eher hätte treffen können. Was wir aber in dieser Zeit getan haben: Wir haben telefonisch Kontakt gehalten.

Fazit: Die Chancen, eine Freundschaft oder auch eine Beziehung aufzubauen, erhöhen sich mit der Anzahl und der Qualität der Anrufe, die dem ersten Treffen vorausgehen. Denn dann tappen Sie nicht mehr gar so blind in Ihr »blind date«.

P. S.

Mir ist es – bei 76 Rückrufern – zwar nur einmal passiert, aber dennoch sollten Sie darauf vorbereitet sein, daß dann und wann auch mal ein wirklich Abartiger eine Annonce aufgibt. So wie dieser hier . . .

UNTERNEHMER 41/176, ungebunden, möchte sich neu verlieben und nach dem geschäftlichen Streß, sich in die Arme einer jungen, schönen Dame fallen lassen, um mit ihr gemeinsam das Leben zu genießen, wie z. B. Skilaufen, Tennisspielen oder gemeinsam Reisen zu unternehmen. Bitte nur Mut und schreiben Sie mir ***mit einem Bild (zurück) und Telefonangabe, ich werde mich umgehend mit Ihnen in Verbindung setzen.*** *SZ*

Er gehört zu den »Telefonanierern«. Den Typen, die sich ausgiebig mit sich selbst beschäftigen, während sie mit Ihnen reden.

Sollten Sie keinen Wert darauf legen, Ausführliches über die sexuellen Phantasien eines solchen Menschen zu hören, machen Sie kurzen Prozeß, und beenden Sie das Gespräch.

Sollte er es ein zweites Mal versuchen, erklären Sie ihm kurz und bündig, daß Sie sich eine Fangschaltung zulegen werden. Das dürfte ihn davon kurieren, Ihren Telefonanschluß ein drittes Mal zu mißbrauchen.

Vorfreude ist die schönste Freude
oder
High noon

Ein Kapitel für alle

Fange ich mal damit an, wo Sie sich beim ersten Mal nicht verabreden sollten. Nämlich bei einem von Ihnen zu Hause. Und auch nicht an der Kino-, Theater-, Opernkasse: In dem Gewühl finden Sie sich sowieso nie!

Bleiben: Restaurants, Cafés und eventuell Bars – zumindest als Ausgangspunkt des Treffens. Dabei gilt es folgendes zu beachten:

Verabreden Sie sich – nach Möglichkeit – zur Mittagszeit:

Die ist für ein solches Treffen sehr viel »unverfänglicher« als ein Abend. Sie fühlen sich also weniger »unter Druck« und können auch jederzeit einen »Termin« vorschieben, falls Sie sich relativ schnell wieder absetzen wollen.

Haben Sie allerdings meinen Rat befolgt, mit dem anderen vor dem Treffen ausgiebig zu telefonieren, können Sie sich auch zu anderen Tages- oder Nachtzeiten verabreden. Denn dann haben Sie zu dem anderen schon so etwas wie eine lockere Beziehung und wissen, daß es nett werden kann.

Wählen Sie einen Treffpunkt

der verkehrsgünstig liegt.

an dem es weder so laut ist, daß Sie kaum Ihr eigenes

Wort verstehen, aber wo es auch nicht so gediegen leise zugeht, daß jeder mithören kann.

der günstig ist für ein gemeinsames Unternehmen: einen Spaziergang im Zoo, im Stadtpark, den Besuch einer Kunstausstellung und so weiter.

Wenn *Sie* in »Raum 2« wohnen – und der andere in »Raum 8«

haben Sie sich sicher was dabei gedacht, ihm zu schreiben. Entweder sind Sie sowieso häufig von Ihrem Hamburger Standort aus in München. Oder aber Sie können es sich leisten, dann und wann – nur zum Spaß – dorthin zu fliegen: Was nützt es Ihnen schließlich, wenn es funkt – und Sie beide nicht die Möglichkeit haben, Ihre Liebe zu genießen. Nicht nur per Telefon.

Fragt sich nur: Wer besucht wen – zum ersten Mal?

Grundsätzlich gilt: Derjenige, der es sich am ehesten leisten kann, geht auf die Reise ...

Natürlich ist es auch schön, wenn der Herr reist ... um eine Dame zu treffen. Es verleiht der doch relativ nüchternen Art der »ursprünglichen Kontaktaufnahme« ein Flair von »alter Schule«, »Romantik«. Frauen mögen's nun mal, umworben zu werden. Auch selbständige Frauen. Unsinn. Die erst recht!

Und dann? Wohin in der anderen Stadt?

Auf jeden Fall in ein Hotel!

Als Mann werden Sie Gentleman genug sein, sich nicht gleich bei der Dame einzuquartieren. Auch dann nicht, wenn sie es Ihnen – der Höflichkeit halber – anbietet.

Als Dame werden Sie kaum bei einem fremden Herrn übernachten, wenn Sie sich zu nichts verpflichten wollen. Ein Hotelzimmer werden Sie also in jedem Fall buchen. Ob Sie es dann allerdings benutzen (und ob als »Einzel-« oder »Doppelzimmer«!) wird sich ergeben ... Das Leben steckt voller Überraschungen!

Wie Sie und Ihr »blind date« sich finden, falls nicht wenigstens einer von Ihnen beiden ein Foto des anderen gesehen hat, sollten Sie natürlich auch wissen:

Im Restaurant:

Einer von Ihnen bucht dort einen Tisch auf seinen Namen. So können sich beide vom Kellner zu diesem Tisch führen lassen und einander nicht verfehlen.

Im Café:

Einen Tisch buchen können Sie hier in den meisten Fällen nicht. Die sicherste Möglichkeit: Wenigstens einer von beiden beschreibt dem anderen, was er zu dem Treffen trägt – und/oder andere Erkennungszeichen. (Nein, nicht die Nelke im Knopfloch! Aber zum Beispiel: »schulterlange blonde Locken«, »brauner Schnauzbart«, »Brille mit weißem Rand«, »Dackel an der Leine« ...)

In der Bar:

Siehe Café. Es sei denn, Sie wollen den Barkeeper einschalten, indem Sie ihm beide sagen, daß und mit wem Sie verabredet sind. Dann kann er Sie zusammenführen. Besser noch: Kennt einer von Ihnen den Barkeeper, ist der sicherlich so nett und hält Ihnen den verabredeten Platz an der Theke frei.

Wenn Ihr erstes »date« gelingen soll, halten Sie sich an meine Ratschläge:

Haben Sie in jedem Fall genügend Geld dabei, um

das gilt für Frauen:
Ihre Rechnung alleine zu zahlen.
das gilt für Frauen und Männer:
sich jederzeit ein Taxi leisten zu können, falls Sie zuviel getrunken haben (was Sie natürlich ohnehin nicht tun sollten!).

Freuen Sie sich auf Ihr »blind date«, aber hegen Sie keine allzu großen Erwartungen.
Sie wissen ja: Wer nichts erwartet, wird nicht enttäuscht, höchstens freudig überrascht. In den seltensten Fällen ist der erste Mensch, den Sie über ein Inserat treffen, Ihr Traumtyp.
Merke:
Wenn Menschen mit Traumtypen identisch sind, dann – in der Regel mit denen, denen man in Alpträumen begegnet. Horror materialisiert sich offensichtlich müheloser als Märchenprinzen und Märchenprinzessinnen.
Merke weiter:
Erwarten Sie nicht von einem Menschen, der am Telefon »ideal« zu Ihnen paßt, daß Sie auch »chemiemäßig« voll aufeinander abfahren! Das gibt es selten. In der Regel jedenfalls muß man schon einige Frösche küssen, bevor sich einer in einen Prinzen verwandelt.

Gucken Sie lieber dreimal hin
bevor Sie einen vermeintlichen Frosch wieder in den Teich zurückwerfen. Gerade er oder sie könnte »es« nämlich wirklich sein.

Apropos »dreimal hingucken«: Bei allen, mit denen ich ausgiebig telefoniert hatte, wollte ich einen zweiten Blick riskieren. Mindestens. Und die Männer bei mir auch. Eigenartigerweise genügte ein Blick, um festzustellen, daß wir uns, eben auch vom Äußerlichen her, sympathisch waren ... wenn nicht gar mehr.

Die Kleiderfrage

zu klären ist übrigens kein Problem: Ziehen Sie – ob Frau oder Mann – etwas an, in dem Sie sich absolut wohl und sicher fühlen. Und von dem Sie wissen, daß es Ihnen gut steht. Das verleiht Ihnen nämlich Selbstsicherheit – und die können Sie bei dieser Aktion wahrlich gut brauchen.

Ein »AusrüstungsMUSS«:

Gute Laune, gute Laune, gute Laune! Und wenn's damit hapert, tun Sie vorher irgend etwas, was Sie fröhlich macht.

P. S.

Wenn's trotz und alledem beim anderen nicht klickt, hat das nichts mit Ihnen zu tun – sondern lediglich mit der »Chemie«. Und die kann man nicht steuern. Sie spielt mit, oder sie tut es nicht – so einfach ist das. Auch wenn diese(r) es nicht sein sollte: Nicht aufgeben!

Ich habe – für mich und für zwei Bücher – 44 »Frösche« ausprobiert (ohne sie *alle* zu küssen, versteht sich!) – der 45ste war's. Aber es hätte auch der zehnte sein können, wenn ich in puncto Treffen mehr »gesiebt« und die anderen gleich am Telefon verabschiedet hätte (was ich wegen meiner Buchprojekte nicht wollte und konnte).

Im Klartext: Nicht Quantität, sondern Qualität ist entscheidend. Und weil Sie auf *Qualität* geachtet haben, dürfen Sie sich jetzt auch von Herzen auf das Treffen mit Ihrem »date« freuen ...

Erwarte das Unerwartete
oder
Wer nicht hören will . . .

Gleichgültig, ob Sie eine Annonce aufgegeben oder beantwortet haben: Sie laufen in jedem Fall Gefahr, daß der Mensch, den Sie treffen, völlig anders ist als erwartet. Vom Äußerlichen jedenfalls. Ansonsten sollte Sie kein allzu großer Schock erwarten dürfen, weil Sie ja bereits ausführlich miteinander telefoniert haben – siehe auch Kapitel 9. Haben Sie das *nicht*, sind Sie selber schuld, wenn Ihnen plötzlich ein Mensch gegenübersteht, der weder inner- noch äußerlich etwas mit dem gemeinsam hat, den Sie erwarten!

Was immer aber passiert:

Gehen Sie auf den anderen zu, sobald Sie ihn erkannt haben.

Und zwar: freundlich, locker. Und bringen Sie, wenn Ihnen nichts besseres einfällt, einen Spruch wie:

»Ich bin XY. Ich glaube, wir sind miteinander verabredet.«

»Wenn Sie YZ sind, haben wir eine Verabredung!«

Machen Sie sich NICHT einfach aus dem Staub!

Auch dann nicht, wenn Ihnen der andere auf den ersten Blick so gar nicht gefällt (siehe auch Kapitel 12).

Es gibt drei erwähnenswerte Grundtypen, die einem den Atem rauben können:

1. **Der Schluck Wasser in der Kurve**
2. **Wow! Ein Movie-Star!**
3. **Blanker Horror!**

Gesetzt den Fall: **Der Schluck Wasser in der Kurve**
Was tun: Freundlich begrüßen und sich setzen!
Und weiter: Haltung bewahren!

Gesetzt den Fall: **Wow! Ein Movie-Star!**
Was tun: Freundlich begrüßen und sich setzen!
Und weiter: Haltung bewahren!

Gesetzt den Fall: **Blanker Horror!**
Was tun: Freundlich begrüßen und sich setzen!
Und weiter: Haltung bewahren!

Kurz und gut: Wer immer da auch auf Sie wartet, bewahren Sie die Fassung. Und Ihre guten Manieren. Was Sie – weder als Mann noch als Frau – tun sollten, ist sich so zu benehmen wie die beiden, die Heike, eine 30jährige Freundin von mir, traf.

1. *Hamburg. Er (36) droht mit Ehe. Wenn Du (erheblich jung und hübsch) Dich auf einen lustigen Frühsommer mit Herzschmerzunddiesunddas einlassen möchtest, dann man tau. Jede Zuschrift mit Foto wird astrein beantwortet. DIE ZEIT*

Am Telefon war er ganz witzig – zu witzig fast, denn ein vernünftiges Wort war mit ihm kaum zu reden. Außerdem duzte er sie ohne Vorwarnung. Mich hätte das schon mißtrauisch gemacht. Die Krönung waren zwei von seiner Seite geplatzte Verabredungen zum Essen. Genauer: *Eine* platzte richtig, die andere platzte halb: Zwei Stunden, nachdem er abgesagt hatte, rief der Hamburger bei Heike an und meinte: »Ich bin doch bereits fertig geworden mit meiner Arbeit. Wenn du magst, kannst du mich ja von hier abholen, und wir nehmen irgendwo noch einen Drink miteinander – der für mich allerdings nicht der erste wäre an diesem Abend.«

Was machte Heike? Sie schwang sich in ihr Auto und holte ihn ab. »Bei ihm und bei mir war es Antipathie auf den ersten Blick«, erzählte sie. »Trotzdem stieg er zu mir in den Wagen.«

Und dann?

Dann sagte er: »Ich hab's mir anders überlegt. Am besten wäre, du würdest mich nach Hause fahren . . .«

. . . was Heike selbstverständlich nicht tat. »Ich bin doch kein Taxiunternehmen«, konterte sie. Und warf ihn raus.

2. *Unternehmer, gutauss., romantisch, sportl. 36/170, su. seine Traumfrau. Sie sollte jung, schlank, natürl. u. charmant sein. Zu bieten habe ich alle schönen Dinge dieser Welt. HA*

Irgendwie war alles von Anfang an vermurkst. Es war nie zu einer definitiven Verabredung gekommen. Aber drei-, viermal hatte er – Polospieler und ein wohlhabender Mann – bei Heike angerufen und gesagt: »Ich bin heute bis um Mitternacht im *Intermezzo*, danach bin ich in der *Insel*. Wenn du Lust hast, komm doch auch – du mußt nur den Oberkellner oder den Geschäftsführer nach mir fragen.«

Obwohl ich ihr gleich gesagt hatte: »Der Typ hat keine Manieren!«, ging sie – mehr für dieses Buch – auf seinen Vorschlag ein und damit in die *Insel*. Dort fand sie ihn denn auch. »Toll, daß du es geschafft hast herzukommen«, sagte er und bestellte ihr, was sie trinken wollte. Kaum stand der Drink vor ihr, entschuldigte er sich: »Als du kamst, unterhielt ich mich gerade mit Freunden. Denen möchte ich nur schnell Bescheid sagen, daß sie den Rest des Abends ohne mich auskommen müssen. Ich bin gleich wieder da.«

Genau das war er nicht. Im Gegenteil: »Er ist bereits gegangen«, erfuhr Heike 10 Minuten später vom Geschäftsführer, als sie ihn bitten wollte, dem Herrn auszurichten, daß sie lange genug auf ihn gewartet habe ...

Wütend darüber, daß ein dahergelaufener Polo-Spieler einer meiner Freundinnen so übel mitgespielt hatte, recherchierte ich ihn aus. Und erfuhr, daß dieser Herr eine Annonce nach der anderen aufgibt, um jeden Abend eine andere Frau in sein Bett zu kriegen. Natürlich beantwortet er auch Anzeigen. Zum selben Zweck. Und agiert auch bei diesen Verabredungen auf dieselbe miese Art und Weise. Ein kurzer Blick: Will ich sie? Krieg ich sie? Und dann: ein Drink an der Bar und rein in die Federn. Oder verschwinden durch die Hintertür.

Kurz und (gar nicht) gut: Auch solche Typen inserieren. Nehmen Sie's also nicht persönlich, wenn Sie mal ähnliche Erfahrungen machen. Nicht mit Ihnen ist was faul, sondern mit dem anderen. *Der* hat eine Macke. Eine riesengroße, um genau zu sein!

So geht es also *nicht*! Sollten Sie beim Anblick Ihres blind dates dennoch das Gefühl haben, nichts wie weg zu müssen, hier meine Alternativ-Vorschläge für den:

Schluck Wasser in der Kurve

Irgend etwas muß Sie ja an ihm gereizt haben. Sonst säßen Sie jetzt nicht zusammen.

Ergo: Geben Sie ihm/ihr die Chance, durch anderes zu glänzen – wenn er/sie schon äußerlich ein wenig blaß ist. Einige Menschen gewinnen im Gespräch.

Wow! Ein Movie-Star!

Da gibt's zwei Versionen.

Die erste: zwischen ihm/ihr und Ihnen klickt es. Dann läuft alles wie von selbst . . .

Die zweite: Sie kriegen weiche Knie – er/sie hingegen *nicht*. Was also tun?

Auf keinen Fall dahinschmelzen. Sich ranschmeißen. Auf Teufel komm raus überzeugen wollen. Kurzum: penetrant werden.

Statt dessen: tief Luft holen. Lautlos bis zehn zählen. Dann da anknüpfen, wo Sie mit ihm telefonisch bereits angelangt waren. Rausfinden, ob man sich etwas zu sagen hat.

Wenn ja: das Beste daraus machen. Eine Freundschaft beginnen.

Wenn nein: das Beste daraus machen. Aus der ersten und letzten Verabredung, die Sie miteinander haben werden. Also charmant und freundlich sein – aber cool bleiben dabei.

Blanker Horror!

Bleiben Sie Gentleman! Bleiben Sie Dame! Das heißt: Fallen Sie nicht in Ohnmacht und schon gar nicht mit der Tür ins Haus.

Statt dessen: Holen Sie auch hier tief Luft, und zählen Sie lautlos bis zehn, notfalls auch bis 20.

Erinnern Sie sich an meinen Ratschlag, potentielle Partner – vor dem Treffen – per Telefon so gut wie möglich kennenzulernen.

Für diesmal: Gestalten Sie das Beisammensein so manierlich wie möglich. Sie müssen es ja nicht stundenlang ausdehnen.

In Zukunft: Checken Sie nächstens wirklich bereits am Telefon aus, was für einen Menschen Sie an der Strippe haben – in Ihrem Interesse!

Hello – goodbye
oder
Flexibilität ist alles

Nachdem Sie also in etwa wissen, wes Geistes Kind Sie vor sich haben, dürfte es Ihnen auch nicht allzu schwer fallen, ein Gesprächsthema zu finden. Und zwar unabhängig davon, ob Ihr »blind date« ein »Schluck Wasser« ist oder ein »Movie-Star«.

Worüber Sie sich unterhalten können, ist beispielsweise ein Thema, das Sie bereits am Telefon angeschnitten haben – und zwar gleichgültig, ob es ein persönliches Thema ist oder eines, das Sie (*beide* offensichtlich) zur Zeit beschäftigt.

Nachdem Sie eine Weile miteinander geredet haben, werden Sie feststellen, Ihr »blind date« ist ein:

A) erträglicher bis angenehmer Mensch – aber mehr müssen Sie mit ihm nicht unbedingt zu tun haben

B) angenehmer bis sehr angenehmer Mensch – mit dem Sie sich eine Freundschaft vorstellen könnten

C) rundum faszinierender Mensch, den Sie gern näher kennenlernen würden und mit dem Sie sich eine Liebesbeziehung vorstellen könnten

So weit, so gut. Fragt sich nur, ob Ihr »blind date« Sie ebenso sieht.

Tendieren Sie jeweils *beide* zu **A, B** oder **C**, regelt sich alles weitere von alleine.

Kritisch wird es erst in dem Moment, in dem einer vom anderen mehr erhofft, als der zu geben bereit ist.

Was tun?

Gar nicht so einfach – gefühlsmäßig. Aber mit dem Kopf kriegen Sie die Situation gewiß in den Griff.

Wenn Sie A fühlen und treffen auf

B: Seien Sie freundlich und taktvoll – und ehrlich. Sagen Sie beispielsweise: »Es war nett, Sie kennenzulernen, aber ich glaube nicht, daß wir allzuviel gemeinsam haben.«

C: Wie bei **B.**

Wenn Sie B fühlen und treffen auf

A: Was Sie unter solchen Umständen wahrscheinlich hören werden, ist ein Satz wie Sie ihn gerade gelesen haben. Nur daß diesmal nicht Sie ihn sagen, sondern der andere. Tragen Sie's mit Fassung. Und sagen Sie sich immer wieder: Es hätte auch umgekehrt sein können. Und wenn Ihr »blind date« nicht begreift, was es an Ihnen hätte, ist das sein Problem – nicht Ihres.

C: Stimmt natürlich: Die Situation ist schon vertrackt, wenn Sie sich vorstellen könnten, sich mit Ihrem »blind date« anzufreunden – der andere aber »mehr« will als »nur« Freundschaft. Trotzdem lohnt sich der Versuch, dem anderen die Freundschaft anzubieten. Wenn er dieses Angebot nicht annimmt – dann eben nicht.

Wenn Sie C fühlen und treffen auf

A: Diese Version ist die härteste. Und wahrscheinlich wird der andere Sie mit Sätzen verabschieden wie: »Ich bin in der nächsten Zeit ziemlich beschäftigt«, »Ich fahre jetzt erst einmal in den Urlaub«, »Wir können ja wieder miteinander telefonieren«.

Tun Sie eines: Machen Sie gute Miene zum bösen Spiel! Das heißt: Lassen Sie sich mit keiner Silbe dazu hinreißen, den anderen doch noch überzeugen zu wollen. Es gelingt Ihnen sowieso nicht. (Erinnern Sie sich: Wie war das, als Sie **A** waren und der andere **C**?!) Verabschieden Sie sich freundlich voneinander, und machen Sie einen Haken drunter. Das war's.

B: Hier haben Sie eine reelle Chance, Freunde zu werden. Erst einmal. Und zu bleiben. Vielleicht. Aber da man erst einmal Freund werden muß, bevor man es bleiben kann, müssen Sie sich über diese ungelegten Eier heute weiß Gott noch nicht den Kopf zerbrechen. Nehmen Sie das Freundschaftsangebot an. Dann können Sie immer noch weitersehen.

Ein absolutes NO-NO ist:

Zu versprechen: »Ich rufe wieder an« – und es dann doch nicht zu tun. Wenn Sie ernsthaft um eine Partnerschaft bemüht sind, dann sollten Sie diese Spielchen lassen!

Das war's – fürs »Grundwissen«. Im folgenden Teil geht's an die Feinheiten. Was Anzeigen *lesen* und Anzeigen *formulieren* gleichermaßen betrifft. Wobei ersteres fast noch die größere Kunst ist. Wetten, daß?

Anzeigen lesen – (k)eine Kunst!
oder
Nachtigall – ick hör dir trapsen!

Gleichgültig, ob Sie selber inserieren oder lediglich auf Annoncen antworten wollen: Anzeigen *lesen* – sprich sie *richtig zu deuten* – ist eine Kunst, die zu erlernen die Grundlage all Ihres Handelns sein sollte.

Nehmen wir zum Beispiel die Wörter »tolerant«/»Toleranz«. *Duldsamkeit. Das Geltenlassen anderer Anschauungen, besonders in religiösen, politischen und ethischen Fragen* . . . (Brockhaus) ist die ursprüngliche Definition. Aber was Heirats- und insbesondere Bekanntschaftsanzeigen angeht, hat dieses Wort eine ganz andere Bedeutung. Denn da steht in 99 von 100 Fällen »Toleranz« in Verbindung mit Sexualität. Wenn *das* jedoch nicht die Art von »Toleranz« ist, die *Sie* in Ihrem Inserat meinen, wäre es recht frustrierend, wenn sich die Falschen angesprochen fühlten.

Ebenso frustrierend wäre es, mit einem Menschen Kontakt aufzunehmen, der *Ihr* Verständnis von »Toleranz« für *seines* hält – weshalb hätten Sie sich sonst gemeldet? – und gar nicht begreift, weshalb Sie sich darüber aufregen, daß er verheiratet ist und in jeder größeren Stadt dazu noch (mindestens) eine Geliebte hat. Daß Sie »tolerant« sein sollten, war doch von vornherein klargestellt . . .

Am deutlichsten sind übrigens die Inserate der *FAZ.* Wenn da ein »dominanter Mann« eine »devote« Frau sucht, schreibt er das auch – weil er es in dieser Zeitung darf. In der *SZ* darf er das allerdings nicht, und wenn er sich *DIE ZEIT* als Forum seiner Annonce auserkoren hat, darf er am allerwenigsten deutlich werden.

Im Klartext: Bei Inseraten in diesen beiden Zeitungen ist besondere Vorsicht geboten. Insbesondere bei letzterer. Hier muß der Inserent/die Inserentin nämlich seine/ihre »Heiratsabsicht« kundtun – und das tut er/sie dann oft auch ... lediglich um dort inserieren zu dürfen. Daß er/sie gar nicht heiraten will, erfährt der/die Offertenschreiber(in) erst im nachhinein.

Anzeigen *richtig* lesen zu lernen ist zum einen wichtig, um aus den Fehlern anderer zu lernen, und zum anderen, um die mit großer Wahrscheinlichkeit Richtigen von den wahrscheinlich eher *nicht* Richtigen schon im Vorfeld aussortieren zu können.

Spaßeshalber eines gleich vorab: Hinter den nüchternsten, vielleicht auch klotzigsten Anzeigen verbergen sich oftmals die besten Männer und Frauen; hinter den witzigsten und einfallsreichsten häufig die im Endeffekt absolut indiskutablen! (Siehe auch Kapitel VII.3)

Und Männer, mit denen ich beim ersten Telefonat so überhaupt nicht konnte, erwiesen sich häufig als riesig gute Typen, während so mancher, der mich am Telefon – fast – zum Schmelzen gebracht hatte, bei der persönlichen Begegnung rapide alle Pluspunkte, die ich ihm vorab gegeben hatte, wieder los wurde.

Doch zurück zum eigentlichen Thema. Dem Anzeigen*lesen.* Um diese Lektion so anschaulich – und unterhaltsam – wie möglich zu gestalten, habe ich sie in viele verschiedene Stichpunkte unterteilt und mit Beispielen versehen.

Daß meine Unterteilung eine *subjektive* ist, ließ sich natürlich nicht vermeiden. Denn sie basiert auf meiner

Art und Weise, Frauen und Männer zu betrachten und damit auf einem individuellen Interpretationsmuster.

Was ich mich jedoch bemüht habe zu tun, ist, meine Subjektivität so *objektiv* wie möglich zu gestalten.

Alles klar? Dann kann's ja losgehen. Mit: Auf den ersten Blick.

Auf den ersten Blick
oder
Ich sehe was, was du nicht siehst

Wie Sie der Überschrift entnehmen können, geht es hier um Äußerlichkeiten. Um die Dinge nämlich, die der andere auf den ersten Blick sieht und auf die er vielleicht vorbereitet sein sollte.

Was Sie als Inserent aus dieser Lektion lernen können, ist: sich so gut – zugleich aber auch so ehrlich – wie möglich zu »verkaufen«. Sie wissen ja: gut »verpackt« ist halb gewonnen! Und wenn Sie partout nicht gleich damit herausrücken wollen, daß Sie 50 sind (siehe Kapitel I.1) oder gemessen am Idealgewicht einige Kilogramm zu viel haben, werden Sie diese nackte Tatsache eben elegant oder amüsant verpacken (siehe Kapitel I.3).

Was Sie dieser Lektion als Offertenschreiber entnehmen können, ist: nicht nur darauf zu achten, was Sie schwarz auf weiß vor Augen haben, sondern auch zwischen den Zeilen zu lesen. Zu erkennen, wie der Inserent was »verpackt«. Denn welcher »Tricks« er sich bedient, sagt häufig sehr viel mehr über ihn aus, als wenn er schlicht und ergreifend »Farbe bekennen« würde. Sie vermitteln Ihnen nämlich nicht nur, was »Sache« ist, sondern eben auch, wie er über diese »Sache« denkt.

Zum Beispiel über sein Alter ...

Young at heart – slightly older in other places oder *Jeder gibt sich so alt, wie er sich fühlt*

Zugegeben, 40 zu werden fand ich nicht gerade komisch. Aber es gibt offensichtlich Leute, die bereits mit Ende zwanzig einen Rappel kriegen, was ihr – ach so betagtes – Alter angeht. Bezeichnenderweise handelt es sich bei diesen Menschen fast durchweg um Männer:

> ***Du meine Seele, singe, wohlauf und singe schön ...*** *Wer dieses Lied vom alten Paul Gerhard mitsingen mag, schreibe mir. Habe in meinem Beruf mit Kindern und Pflanzen zu tun, lese und musiziere gern,* ***sehe jünger aus, als ich bin (29)*** *... DIE ZEIT*

> ***Arzt (29/1,79/69), jünger aussehend*** *... DIE ZEIT*

> ***GELEGENHEIT IM RAUM 6*** *(Bergstraße) Interess., symp. Mann,* ***gerade 35 gewordener, jünger wirkender, jungenh. Typ*** *... FAZ*

Frauen machen sich, was Anzeigentexte betrifft, offensichtlich erst ab 40 Gedanken ums Alter. *Dann* allerdings kann die Altersangabe schnell peinlich werden ...

> ***Uraltes Weib (45) – tägl. jünger werdend*** *– sucht blutjungen Mann plus/minus 45 zwecks theoretischer Neugestaltung der Weltordnung sowie prakt. Neuanfang f. d. 2. streßfreie Hälfte d. Lebens. Abgeschl. Aus-*

bildg. in Familie, Welt-Kenntnis u. Lebenserfahrg. vorhanden. Karriere als Traumfrau gesucht. GH 7891 HA

... was aber nicht heißt, daß Männer ab 40 bezüglich solcher Peinlichkeiten nicht mithalten können:

Alter Mann, Zwilling, 42 J.*/175/80, Akademiker... HA*

Noch rüstiger 45er, *176, des Alleinseins müde... HA*

So also sollte man es besser *nicht* machen. Auch wenn es vielleicht ganz lustig ist, daß bei dem »45er« die Anzahl der Lebensjahre und der Jahrgang identisch sind. Und selbst wenn Sie, beispielsweise, »das uralte Weib« humorvoll meinen: So völlig überzeugen Sie mich nicht davon, daß Ihnen Ihr Alter nicht ziemlich bis gewaltig zu schaffen macht. Und prompt würde ich Ihnen *nicht* antworten, denn alt fühlen kann ich mich auch alleine. Dafür brauche ich keinen Partner, der noch Salz in die Wunden streut...

Ebenso albern wie obige Altersangaben sind diese

Fröhliches Menschenkind!, *weiblich, 1,68/61,* ***ca. 49 Jahre...*** HA

Raum Südd./Schwarzwaldnähe ***Erfolgreicher Unternehmer ca. 50 Jahre...*** SZ

Lebensfrohes, *sportl., gutauss., gescheites, jugendl. Weib* ***um die 60...*** *HA*

... denn es kann doch nicht angehen, daß jemand sein exaktes Alter nicht kennt und nur zu sagen weiß, wie alt er »circa« ist! Kurzum: Solche Formulierungen sind wirklich lächerlich!

Glücklicherweise aber gibt es hier – wie überall – auch *positive* Beispiele. Durchaus legitim ist es etwa, ab einem bestimmten Alter klarzustellen, daß man »jung im Herzen« ist, auch wenn man ein paar Falten hat:

Wo ist der Mann bis 75 J., *der mit mir, weibl.,* ***73 J. jung,*** *in Harmonie leben möchte? A 77889 HA*

Träumen kann nicht alles sein, sich verlieben ist schöner. Er: ***lt. Paß 65, sonst ca. 58...*** *HA*

Raum Hannover im Herzen 30, im Paß 50 – nun denn... *DIE ZEIT*

»Traumfrau« fühlt sich wie 27, sieht aus wie 32, *su. flotten Mann ab 37,* ***ist 42/169, schlank...*** *HA*

Das Gegenteil der altersbedingten Quengler ist übrigens er:

Junger Mann, 60... *HA*

Positive Beispiele, die nicht gleich über die Stränge schlagen, sind auch Anzeigen wie diese:

JUNGE FRAU VON 1950 *R. 28-29,* ***Spätzünderin...*** *DIE ZEIT*

HEART'S DESIRE *oder* ***Frau in den besten Jahren*** *möchte gerne wieder etwas aufgeben von dieser überwuchernden Selbständigkeit... Ich bin groß/schlank, gutaussehend, langmähnig, Akademikerin,* ***seit vier Jahren 38...*** *DIE ZEIT*

Willst Du eine Frau kennenlernen, die Dir vermutlich nie über den Weg gelaufen wäre? ***Mit einem halben Jahrhundert Lebenserfahrung . . .*** *DIE ZEIT*

LADY BIRD *Vogelfreie, eigenwillige,* ***zweimal-flügge*** *»Karrierefrau« . . . DIE ZEIT*

HALLO! Habe jetzt auch schon auf der ersten Stelle eine 3 stehen . . . *DIE ZEIT*

HELLES NORDLICHT *Selbst. Dipl.-Ing.,* ***mid-life . . .*** *DIE ZEIT*

Arzt, *Hbg.-Elbufer,* ***unlängst altersbed. Berufsaufgabe,*** *sportl.,* ***vital . . .*** *HA*

Nichtssagend und darum völlig unsinnig ist hingegen diese Anzeige:

Älteres Mädchen *sucht Mann, der nicht durch die Welt hampelt. BB 2244 HA*

Wie »alt« das »ältere Mädchen« ist, bleibt nämlich gänzlich unkonkret. *Wer* soll sich also angesprochen fühlen?

Wenn Sie es schon vorziehen, Ihr eigenes Alter nicht preiszugeben, grenzen Sie zumindest das gewünschte Alter des potentiellen Partners/der potentiellen Partnerin ein. Wie diese Inserenten es getan haben:

Diese Zeilen schreibe ich einem ***UNKONVENTIONELLEN MANN*** *stattlich, groß,* ***ca. Ende 30 Jhr. . . .*** *der sich eine harmonische, bereichernde, creative Beziehung zu einer natürlichen, blonden, schlanken,* ***jungen Frau . . .*** *wünscht. SZ*

Lieben Sie Kunst und Reisen?
Lieben Sie Natur und Musik?
Lieben Sie Zärtlichkeit und
treiben Sie etwas Sport?
Sind Sie Ende vierzig *+– und schlank,*
dann schreiben Sie weibl. Pendant an die SZ.

Stehe im Herbst d. Lebens . . . *Attrak., schl. Witwe, nicht ortsgeb.,* ***sucht*** *natürl.,* ***häusl. Schmusekater ab 50.*** *DIE ZEIT*

ALTE DAME *(Akad.), gr., schlk., lbdg., noch sportl., prakt., musisch-mehrsprachig, mat. unabhängig, w.s. Gemeinschaft (ab 70/172) mit geistig ausgerichtetem HERRN hoh. Kultur . . . SZ*

Völlig unsinnig wiederum ist es, eine Annonce aufzugeben wie diese:

EINE GANZ NORMALE FRAU *wünscht sich ein bißchen Glück.* ***Partner auch gerne älter . . .*** *FAZ*

Apropos älter: Dann und wann gibt es Männer, die begriffen haben, daß gerade »reife Frauen« interessante Frauen sind. Allerdings muß man Anzeigen wie diese mit der Lupe suchen . . .

Frauen sind ab 50 J. erst wirklich reizvoll + begehrenswert. M 40 J., *möchte so ein Traumwesen kennenlernen. HA*

Gibt es Dich? Du bist älter als ich *und sehr feminin . . . Ich bin 40/1,75, NR, einfühlsam . . . DIE ZEIT*

Hallo, *Zwilling,* ***39 J. (männl.), su.*** *intell.* ***Dame bis 50 Jahre.*** *HA*

Meistens allerdings liest man Anzeigen, in denen Männer Frauen suchen, die *jünger* sind als sie. *Bedeutend* jünger. Um deutlich zu machen, um was für Männer es sich dabei handelt, gebe ich hier den ungekürzten Anzeigentext wieder:

Wieder solo! *Daher emanzipierte* ***Frau gesucht:*** *zierlich, schlank, attraktiv,* ***25-35 J., von Dr. med.,*** *eheerf., attraktiv, schlank,* ***44 J.,*** *ohne Bauch, Glatze, Bart. Aber mit dunkl. Haaren, blauen Augen, 184 cm groß. Interessen: Kunst, Architektur, Design u.v.a., gehob. Küche, da Hobbykoch, pol. eher rot. Bildzuschriften mögl. R. 4,44. DIE ZEIT*

ER *170 cm groß,* ***51 Jahre alt,*** *schlank, sportlich, alleinstehend, genießt Leben. Möchte 2 Jahre mit eigenem Segelboot in der Südsee segeln, lebt in Australien und sucht attraktive* ***Frau zwischen 30 und 40 Jahren,*** *die ihn auf seinem Abenteuer begleitet. Finanziell unabhängig. Halte mich im Juni in Deutschland auf. Spätere Heirat nicht ausgeschlossen. FAZ*

HAMBURG *Dr., 49/180, humorvoll, kinderlieb, sucht Sie, charmant, warmherzig,* ***bis 38 Jahre.*** *DIE ZEIT*

Partner, Vertrauter, Freund, *m. starker Schulter u. schwachen Momenten mö.* ***ich, gerade 50,*** *186 cm, einer fraulichen, fröhl. Sie sein. Ach ja, nett, ehrl., häusl. sollten,* ***jung (ab 25 J.),*** *dürfen Sie sein. Nur Mut, das Versteckspiel hat jetzt ein Ende. HA*

Raum Hamburg *Wer liebt Sylt und die Elbe zu jeder*

Jahreszeit, mag weite Reisen mit dem Auto durch die südlichen Staaten der USA, ist weiblich, dunkelhaarig, sportlich, schlank, ***um die 30 Jahre alt,*** *attraktiv und Nichtraucherin und sucht die Partnerschaft mit einem junggebliebenen Freiberufler (*__*48*__*/1,79/73). Ich bin selbständiger Jurist, trage eine dunkle Hornbrille, habe dunkles Haare und bin eher sportlich und unkonventionell als behäbig und konservativ. DIE ZEIT*

Selbstverständlich bleibt es Ihnen unbenommen, auch solche Annoncen zu beantworten – auch wenn Sie ein paar Jahre älter sind als gewünscht.

Bleibt zum Thema »Alter« noch, *diejenigen* zu erwähnen, die sich ganz einfach jünger machen. Und da eitle Männer keine Seltenheit sind, sind mir ein paar davon – während der Recherchen zu diesem Buch – begegnet. Und zwar in zwei Versionen. Die »Mogler« schummeln zwei, drei Jahre runter, die »Dreisten« verjüngen sich gleich um (mindestens) ein Jahrzehnt.

Die »Mogler« herauszufinden, ist das geringste Problem. Man erkennt sie bereits an den vagen Altersangaben:

Anfang 30 bedeutet in der Regel: locker 34, wenn nicht älter

Mitte 40 bedeutet in der Regel: locker 49, wenn nicht älter

Ende 50 bedeutet in der Regel: gut und gern in drei Tagen 60.

Die Dreisten erkennt man – anhand der Anzeige – gar nicht. Weil sie sich ganz einfach jünger machen. Punkt.

Kleiner Mann ganz groß
oder
Es kommt nur auf den Maßstab an

Es ist kein Geheimnis: Große Männer haben im allgemeinen nun einmal größere Chancen bei einer Frau.

Fragt sich nur, was man unter groß versteht: Einen Versager mit 190 cm oder einen Friedrich Nowottny, der lediglich 167 cm mißt?

Nowottny, meinen Sie?

Na wunderbar! Dann sind wir uns ja einig. Und um gleich »noch einen draufzusetzen«: Publikumsliebling Peter Maffay überragt meine – unbeschuhten! – Einszweiundsechzig lediglich um sechs Zentimeter. Claus Theo Gärtner, ebenfalls ein Publikumsliebling, ist sogar kleiner als ich, nämlich einen Meter achtundfünfzig. Und Dudley Moore *(Die Traumfrau)* ist auch ein »Zwerg«. Optisch.

Dennoch: Wenn man(n) nicht gerade berühmt ist – geschweige denn *reich* und berühmt –, hat man zumeist Komplexe, wenn man sich – dem eigenen Denken nach – um ein paar Zentimeter zu kurz gekommen glaubt. Wie also geht man mit diesem Komplex in Heiratsanzeigen um? Man tut, was die Inhaberin von Deutschlands ältestem Heiratsinstitut – mit »75 Jahren Erfahrung« – bei »zu klein geratenen« Herren tut ...

Flotter Bankdirektor, 39 Jahre, *ein Mann der absoluten Spitzenklasse, recht wohlhabend (aber trotzdem natürlich geblieben)., sportlich, schlank. u. lebensfroh,* *sucht innerlich und äußerlich attrakt. Partnerin, mit Spaß am Repräsentieren u. Sinn f. ein harm. Familienleben. Interessiert?*

... man schweigt sich über die Körpergröße aus. (Der »flotte Bankdirektor« mißt übrigens 173 Zentimeter.)

Im Klartext: Sobald in der Annonce eines männlichen Inserenten die Größenangabe fehlt, können Sie davon ausgehen, daß es sich – in der Regel – um einen Mann von maximal einen Meter fünfundsiebzig Länge handelt.

Eine Alternative – und nicht die schlechteste – ist es, in die Offensive gehen. Wie dieser Herr es tat:

***Warum nicht! Er 45/166 cm, sucht** die liebenswerte, ehrliche **Partnerin, die möglichst größer ist als er** und zwischen 35 und 49 Jahren ist. Kind ist angenehm, auch darf sie gern Ausländerin sein. HA*

Die Formulierung: »die möglichst größer ist als er«, finde ich einfach zu hübsch! Was der 45jährige leider nicht verrät: Ist er klein und dürr, klein und schlank oder klein und dick? Aber wenn frau ihn an der Strippe hat, kann frau ihn ja fragen ...

Bei Frauen ist das Problem – wenn es denn eines sein sollte – entgegengesetzt gelagert. Während jedoch ein Inserat wie das obige eine Seltenheit ist, machen hochgewachsene Frauen ihre Körpergröße fast immer zum Thema:

***Großer Mann gesucht! Da ich selbst fast 1,80 messe** und alle gr. Männer (die keine Hochleist.sp. sind) studieren, vergeben sind oder sich irgendwo verstecken, probiere ich es halt auf diesem Weg ... SZ*

***SIND SIE AUF MEINER HÖHE? Große (1,83 m),** attraktive, schlanke **Mittdreißigerin sucht Mann, der möglichst nicht (viel) kleiner ist.** SZ*

Während mir keine Annonce in die Finger fiel, in der ausdrücklich ein »kleiner Mann« gesucht wurde, fand ich – *an einem einzigen Wochenende!* – zahlreiche Annoncen »großer Männer«:

187 Zentimeter:	***Anwalt,** 34, sucht Ärztin. HA*
188 Zentimeter:	***Sportl.,** aufgeschl. Er, 27 ... HA*
	Akademiker, 28 ... SZ
	***Selbständiger Sozialwissenschaftler und Statistiker** 36 ... SZ*
189 Zentimeter:	***Sportlicher Akademiker,** 31 ... HA*
	***Ingenieur,** 38 ... HA*
	***Mann,** 43 ... HA*
190 Zentimeter:	*Ich bin 23 Jahre ... SZ*
	***Rechtsreferendar,** 25 ... SZ*
	Persönlichkeit, 33, schlank ... SZ
	***Er,** 50, schlank ... HA*
191 Zentimeter:	***Waagemann,** 47 ... HA*
197 Zentimeter:	***Für alles Schöne von Dr., 32, 81 kg, gesucht ...** SZ*

Neben Männern, die der Leserin einfach nur ihre Größe (und zumeist ihr Gewicht) mitteilen, gibt es, vereinzelt, auch solche, die sich nichts sehnlicher wünschen als eine großgewachsene Frau. So wie diese:

***ICH WÜRDE MICH SO GERN VERLIEBEN** Helfen wir dem Zufall nach? **Bin** gerade 40 geworden, **190 cm lang ... Sie sollte möglichst über 175 cm groß** und schlank **sein ...** FAZ*

Handfester Mann; Dr.; *Lehrer; sportl.;* ***1,89;*** *42 J.; R. 34; rot-grün; verw.;* ***träumt von kluger, großer, blonder Frau . . .*** *DIE ZEIT*

Sie sehen: Es gibt zu jedem Topf einen Deckel. Bislang jedenfalls. Denn wenn Alter und Größe die einzigen Kriterien wären, wie einfach wäre das Leben!

Some people think that fatties are nice
oder
Dick und dünn mit den Augen der Liebe betrachtet

Fange ich mal mit dem sogenannten Idealgewicht an:

Für *Frauen* errechnet es sich: Körpergröße – 100 – 15%: zum Beispiel: *163 cm – 100 = 63 – 15% (9.5) = 52.5kg*

Für *Männer* errechnet es sich: Körpergröße – 100 – 10%: zum Beispiel: *180cm-100 =80-10% (8) =72kg*

Von hier an ist es ganz einfach: Wer ab zehn Prozent weniger wiegt (bei »weiblichen« 163 cm 47,3 kg respektive »männlichen« 180 cm 64,8 kg) oder ab zehn Prozent mehr (bei »weiblichen« 163 cm 57,7 kg beziehungsweise »männlichen« 180 cm 79,2 kg) ist schlicht und ergreifend zu dünn oder zu dick.

Was zunächst einmal nichts heißen muß. Denn gerade beim aufmerksamen Anzeigenlesen wird immer wieder deutlich, daß der eine genau das hat, was des anderen sehnlichster Wunsch ist:

> ***Engländer*** *(36),* ***kuschelweich (95 kg)*** *und gebildet (178 cm), mit Sinn für Unsinn,* ***su. ebensolche Freundin*** *mit Sinn für Engländer. HA*

> ***Hallo, Miß Molly! Du*** *wirst von 44jähr. Mann, etwas mollig, 173 cm groß, Bartträger mit Haus auf dem Land, zum Aufbau einer Partnerschaft* ***gesucht.*** *Bild und evtl. Tel.Angabe, HA*

__Liebevoller,__ gutaussehender Mann mit Humor, 45/ 1,74, schlank, Bart, Raucher, der gerne lebt, liebt, lacht, __sucht__ weiche, frauliche, __gern etwas üppige »Sie«__ mit Spaß an der Liebe. Auf (Bild)zuschrift freut sich . . . HA

Inwieweit sie allerdings *selbst* mollig sind, verschweigen viele Inserenten. Wie diese:

__GUTAUSSEHENDER FRÜHPENSIONÄR__ ehemaliger Direktor in Weltkonzern, möchte wieder heiraten. Alle aktuellen __Bildzuschriften üppigschlanker,__ tierliebender Damen werden beantwortet. FAZ

__Rolf,__ 56/172, mit Hund u. kl. Haus auf dem Lande __möchte__ liebe, __sehr dicke Frau kennenlernen__, die zu ihm zieht. HA

__60iger, 1,78, Beamter, su. liebe vollschlk. Sie__ auch gern älter, __ab 100 kg aufw.__/ab 1,68 m. Liebe z. Nat. u. Tier. HA

Was sich damit erübrigt, sind Fragen wie diese:

__Gibt es eigentlich auch Männer, die sich nicht für schlanke, aufgestylte Modepüppchen interessieren, sondern für z. B. vollschlanke Frauen wie mich,__ mit Herz und Verstand und dabei nicht häßlich . . . HA

Manche formulieren um ihre (zu vielen) Pfunde herum . . .

__VENUS IM PELZ 43/172, Kleidergr. 40,__ langes/blondes gewelltes Haar, __etwas barocker Typ . . .__ FAZ

Frau, *35 Jahre, 1,75, braune Augen, dunkle Haare und mit Figur,* ***an der Rubens seine Freude gehabt hätte ...*** *DIE ZEIT*

... oder verstecken sie geschickt in ihrer Anzeige:

FRAU: sucht	***MANN:***
Schrill	*Lachenden*
Kettenrauchend	*Gesünder*
Schön	*Interessanter*
Selbständig	*Zeithabend*
Blond	*Dunkler*
Vierzig	*Jünger*
übergewichtig	***Dünner***

Mit Bild und Tel.-Nr. an DIE ZEIT

Was schwergewichtigen Inserentinnen sonst noch so einfällt, ihre zu vielen Kilogramm zu umschreiben, sind folgende Formulierungen:

Mollig ist in!!!
rundum pfundig ...
keine Twiggyfigur ...
Üppiges Frauenzimmer
Na und, ich bin rund!

Auch die Herren der Schöpfung schmeicheln ab und an gerne ihrem Gewicht:

55 j. jung, 1,65 in hoch, 134 Pfund leicht ... *HA*

Wovon Sie – wo wir gerade bei Schmeicheleien sind – ausgehen dürfen: »stattlich« bedeutet ebenso übergewichtig wie »breite Schultern zum Anlehnen« *wortwörtlich* gemeint sind. Nicht etwa im übertragenen Sinne ...

Nur der Vollständigkeit halber: Auch Frauen suchen kuschelweiche Männer – dann und wann. Vielleicht wären diese beiden ja ein Gespann gewesen – wenn sie nicht in Hamburg lebte, und er nicht in München ...

> ***Frau,*** *47/1,70,* ***sucht vollschlanken Partner*** *für die Zweisamkeit. HA*

> ***Hand aufs Herz! Wollten Sie nicht schon immer mal ein dickes Bäuchlein streicheln und sich an breiten Schultern anlehnen?*** *Bei mir (47/176) dürfen Sie's. Frohnatur mit Tiefgang, geistig und körperlich sehr beweglich, NR. SZ*

Bleibt, was Äußerlichkeiten betrifft, nur noch das Aussehen, das es unter die Lupe zu nehmen gilt. Beziehungsweise die Art, in der Männer und Frauen selbiges in ihren Inseraten beschreiben.

Schönheit liegt im Auge des Betrachters oder *Wer schöner aussieht als ich, ist geschminkt*

Natürlich ist es schwierig, sich selbst zu beschreiben – und dabei völlig objektiv zu sein. Grundsätzlich lassen sich die Inserenten vier Kategorien zuordnen: Die einen über-, die anderen unterschätzen ihre Attraktivität, die dritten betrachten die Angelegenheit, sprich sich selbst, nüchtern, und die vierten betrachten sich gar nicht.

Vereinzelt gibt's dann noch die »Understatement-Typen« – wie diesen:

> ***Total** anspruchsloser, dummer, **häßlicher** uninteressierter und unsportlicher **Medizinmann,** 30 J., 1,70 m, dunkelhaarig, sucht passendes Pendant. Voraussetzung: 22 – 26 J., schlank, intelligent, attraktiv, vielseitig interessiert. Brief mit Foto bitte an DIE ZEIT*

Während man bei solchen (eher weniger komischen) Übertreibungen davon ausgehen kann, daß sich dahinter ein durchaus »anschaulicher« Inserent verbirgt, ist bei Anzeigen wie folgender allerdings Vorsicht geboten:

> ***Raum MS – HH Etwas Glatze (Rest blond), etwas Bauch – und dazu steh' ich auch** – Mann, 46 J., 1,76 möchte sich . . . wieder verlieben . . . DIE ZEIT*

»Etwas« bedeutet nämlich meistens »viel«. Ich spreche aus Erfahrung!

Wenig oder gar nichts über seine äußere Erscheinung zu verraten, geht natürlich auch:

> ***Hbg. Junge,*** *52 J., Verw.-Ang., 180 cm, Hobbykoch, häuslich, su. Deern bis 45 J., HA*

> ***Raum 7. Netter junger Mann sucht nette junge Frau.*** *Bin 30, 1,77, schlank, beruflich engagiert und viel auf Reisen. Bin eher still als laut und höre lieber zu. DIE ZEIT*

> ***Er,*** *37/1,67, ist des »Alleinseins« müde, da sie, 6, zu ihm gehört, sucht er auf diesem Wege eine liebe, hübsche Sie bis ca. 30 J., die gerne Kinder mag (hat). Zuschr. viell. mit Bild? HA*

Hier bleibt einem nur übrig, am Telefon alles weitere zu erkunden – wenn man sich nicht »überraschen lassen« möchte.

Ein *gutes* Gefühl habe ich bei Anzeigen, die alles und nichts über das Äußere verraten:

> ***DR. MED. DENT.*** *36, 180, schlank, verzichtet auf die Aufzählung anzeigenüblicher, toller Charaktereigenschaften u. exklusiver Hobbys, hat aber trotzdem natürlichem, hübschem, weiblichem Wesen um die 30, welches auch auf der Suche nach einem Neubeginn (und mehr?) ist, einiges zu bieten. Bildzuschriften an das HA*

> ***»M«,*** *ausgestattet in. allen anzeigenübl. Vorteilen, darüberhinaus im Besitz einiger anderer Persönlichkeitsmerkmale, sucht großes, weibliches Äquivalent b. 33 J. Bildzuschr. erbeten. HA*

Der Grund: Die angenehmen Überraschungen, die ich mit solchen Inserenten erlebte: Sie sahen sympathisch bis blendend aus!

Weiter gibt es Inserenten, die – was ihre äußere Erscheinung angeht – nicht gerade »Juchhu!« schreien, aber damit zumindest ganz zufrieden sind. Wie diese:

EINSAMES WEIB kultiviert und ***anschaubar,*** *sportlich und 47 Lenze jung, sucht gestandenes Mannsbild mit Pep und Charme für fröhliche Gemeinsamkeiten ... FAZ*

Er, 52/172, vorzeigbar, *häuslich, zärtlich, naturlieb., sucht liebev. Frau für eine harmonische Partnerschaft ... HA*

Ich, *(1,80, 43 J., männl.), kinderlieb, finanz. unabhängig,* ***normal aussehend u. normal veranlagt,*** *ein bißchen zu häuslich geworden, sucht auf diesem Wege Partnerin, gern mit Kind(ern). Nur ernstgemeinte Zuschrift. HA*

Auch bei ihnen habe ich ein gutes Gefühl. Denn bei solchen Formulierungen dürfen Sie – erfahrungsgemäß – davon ausgehen, daß sie der Wahrheit entsprechen und Sie häufig eher eine positive als negative Überraschung erleben.

Skepsis hingegen ist Inserenten und Inserentinnen gegenüber angebracht, die sich anpreisen wie sauer Bier:

Ich suche meine andere Halbkugel, ***den sinnlichen und warmherzigen Mann.*** *Es grüßt Sie herzlich eine ästethische, spontane und anschmiegsame* ***»Gazelle«, 1,64, 52 kg. Naturblond, strahlende Augen, warme***

Stimme, schöne Beine. *Frohnatur, temperamentvoller Fisch, tanze und schwimme oft. Kreativer Beruf, selbständig, erfolgreich, flexibel. FAZ*

Ohne die Dame gesehen zu haben, würde ich sagen: »Finger weg!«

Angenehme Überraschungen gibt es aber auch hierbei. Ich erlebte sie mit diesem Inserenten:

Zahnarzt, *Neu-Hamburger, erfahren, gutaussehend, aufgeschlossen, etc. etc... sucht nette warmherzige Partnerin bis 32 Jahre. Ich: Steinbock, 38 Jahre, dunkel, Yachtbesitzer etc. Zuschriften bitte an das HA*

Zugegeben: Der einzige Grund, aus dem ich ihm geschrieben hatte, war meine Neugierde auf sein »etcetera«. Und genau die »etceteras« waren's dann auch. Davon abgesehen, daß er blendend aussieht – groß, schlank, dunkle Locken (wenn auch etwas gelichtet), große braune Augen –, ist er auch noch einer der führenden Implantologen Deutschlands. Und wurde – wie könnte es anders sein – mein Zahnarzt. Und ein wirklich enger, lieber Freund (siehe auch Kapitel 4).

Unsinn: Erst freundeten wir uns an. *Dann* kümmerte er sich um meine Zähne. Und ich kann endlich wieder lachen.

Und nur müde belächeln kann ich Anzeigen wie diese, die übrigens bereits mehrmals erschienen:

KARL-HEINZ-BÖHM-TYP etwas jünger, gleiche Größe/Statue *mit wohlgeformten Händen u. sonorer Stimme, selbst. Kaufmann, mit musischen Neigungen, zuverl., viels. interess., naturverbunden, einfühlsam,* *christl., Nichtr., gesch., su. Lebenspartnerin, ca. 30-50, Zuschr. mögl. mit Foto an das HA*

Großer Mann *44/190,* ***genau wie Bud Spencer,*** *sucht das Weib zum Liebhaben. Zierlich wäre mir am liebsten. Lebe in guten Verh. Zuschr. an die SZ*

Und wovon Sie bei Anzeigen wie dieser ausgehen dürfen:

WEIHNACHTEN ZUSAMMEN FRÜHSTÜCKEN? *Auf eine attraktive Mädchenfrau, gescheit, heiter, warmherzig, unabhängig, schlank, NR, so um die 40, mit bewältigter Vergangenheit, für eine neue Liebe und Ehe freut sich ein weitgereister, gutsituierter, eheerfahrener, zärtlicher, stattlicher Mann von der schreibenden Zunft, 56/181, mehr musisch und kulinarisch als sportlich orientiert,* ***eher Ustinov als Redford.*** *Ihre Bildzuschrift aus dem Raum 53 oder anderswo erbeten an die FAZ*

Die Formulierung »eher Ustinov« bezieht sich auf das Gewicht (worauf übrigens auch das »stattlich« hinweist) und »eher Ustinov als Redford« soll heißen: »eher interessant als schön« . . .

Alles klar?

Dann kann's ja weitergehen. Und zwar mit dem »Innenleben«.

Wie's da drinnen aussieht . . .
oder
Das Innerste nach außen gekehrt

Alldieweil der Leser mit Äußerlichkeiten allein herzlich wenig anfangen kann, sagt der Inserent natürlich auch etwas über sein »Innenleben«.

Beziehungsweise er glaubt, etwas zu darüber zu sagen. Denn oft reiht er lediglich ein Klischee ans andere – und sagt nichts weiter über sich aus, als daß er phantasielos ist.

Was ein Mensch an sich selbst bemerkenswert findet, spricht Bände – auch wenn er es nur mit wenigen Worten sagt . . .

Kurz und bündig
oder
Der Rest ist Schweigen

»Kleinstanzeigen« erzielen häufig ein großes Echo, was die *Quantität* der Zuschriften angeht. Denn: Je allgemeiner eine solche Annonce formuliert ist, desto mehr Menschen fühlen sich angesprochen – und damit beflissen, das Inserat zu beantworten. Nur: Man kann's auch übertreiben. So wie diese:

> ***Er, 40J., 178, sucht Sie.*** *SZ*

> ***Er (42/1,78, 78, R.4) sucht Sie (33-43 J.).*** *Bildzuschr. an DIE ZEIT*

Kaum aussagekräftiger sind folgende Inserate:

> ***Jg. Frau, 39/174, su. netten Ihn.*** *Bitte Bildzuschrift mit Tel.-Nr. an das HA*

> ***Nette Frau (59) sucht lieben Mann!*** *DIE ZEIT*

> ***Mann mit Geld, 38/185, sucht passende Partnerin.*** *Zuschr. an die SZ*

Sehr viel mehr über den Menschen, der dahinter steckt, verraten hingegen Annoncen wie diese, auch wenn sie teilweise nur aus drei Wörtern bestehen:

Anwalt, 34/1,87 sucht Anwältin. *HA*

Vegetarierin, 40 Jahre, 1,78, sucht Vegetarier. *HA*

MÖCHTE-GERN-SCHAMANIN SUCHT IHREN MEDIZINMANN:* 1942, *SZ*

Frau mit Eigenschaften sucht Mann mit Profil. *Zuschriften bitte an die FAZ*

FRAU (32) mit Vaterkomplex sucht Mann! *Foto erwünscht. Zuschriften erbeten an die FAZ*

»Adele sucht Jakob« *(Raum Südwest) DIE ZEIT*

Apropos: *Wenn* Sie sich schon gängige Bilder zunutze machen wollen, sollten Sie wissen, wovon Sie reden. Und nicht völlig daneben schreiben – wie folgende Inserentin:

Adele sucht Jakob Akademikerin (prom.), 35, *sucht ernsthaften, humorvollen, gebildeten Partner. SZ*

Wovor Sie sich – ganz generell – hüten sollten, sind Klischees. Weil sie ganz einfach phantasielos sind. So wie diese:

TRAUMMANN *31/183/79,* ***sucht*** *seine* ***Traumfrau.*** *HA*

»Julia« *35 Jahre alt,* ***sucht*** *zärtl.* ***»Romeo«.*** *HA*

R. 2. BLONDER ENGEL *sucht Dich* ***für Himmel auf Erden!*** *DIE ZEIT*

Apropos »Himmel auf Erden«. Den meisten Frauen müssen Sie den gar nicht versprechen:

> ***»Den Himmel auf Erden« su.*** *Sie, 49/162, charmant, unabhängig,* ***nicht...*** *HA*

Ein paar Worte mehr machen aus einem gängigen Klischee übrigens keine bessere Anzeige, wie folgende Annoncen zeigen:

> ***Raum 55-66 HEXE*** *(50 J.), mit musischen Interessen,* ***sucht unkomplizierten, humorvollen Besen für gemeinsame Rundflüge.*** *DIE ZEIT*

> ***Schmusekater,*** *41/174,* ***sucht nette Schmusekatze, auch mit kl. Kätzchen, zum gemeinsamen Fauchen + Schnurren.*** *Alle Bildzuschriften werden beantwortet. HA*

> *Guterhaltener* ***Topf,*** *46/178, dunkel,* ***sucht passenden Deckel.*** *HA*

> ***»Unbeschreibliche« Sie*** *(31),* ***su. »unbeschreiblichen« Ihn für eine*** *feste, wirkl.* ***»unbeschreibliche« Partnerschaft;*** *bitte Tel. u. Bild an: HA*

Kurzum: Sollten Sie es knapp und bündig lieben, tun Sie sich und dem Leser/der Leserin einen Gefallen: Verraten Sie zumindest ansatzweise – und ohne ein Klischee zu benutzen –, wie Sie sind und was für einen Menschen Sie suchen!

> ***EXTRAVAGANTE SIE, fast 36, 68 kg, 1,73 groß, sucht im Raum Bonn einen Partner mit Persönlichkeit und Charakter.*** *DIE ZEIT*

UNGEWÖHNLICHER MANN für den gewöhnlichen Alltag gesucht (bis 48) von Frau (42) mit Kind (8) mit Liebe für Kunst und Leben (bitte Bild). *DIE ZEIT*

MÖCHTE weltoffene u. liebevolle Frau (35-40) kennenlernen. Bin Witwer (42) m. 3 »no problem«-Kindern. *HA*

MANN MIT TRÄNENSÄCKEN SUCHT FRAU MIT LACHFALTEN. *PLZ 2. DIE ZEIT*

Was Sie natürlich auch tun können, ist: sich auf die Beschreibung Ihrer eigenen Person oder aber die Beschreibung Ihres »Wunsch-Pendants« zu beschränken. Kurz und bündig, versteht sich. Nämlich entweder:

ARZT 37/1,80, schlk., bisher berufl. allzusehr eingebunden, mö. sich verlieben. *Zuschr. wenn möglich m. Foto. HA*

LEHRER, 35 J./176, mehr an Büchern und Kultur interessiert als an Sport und Tanz, sucht Partnerin. HA

oder:

frau aus wien (33) sucht mann, der sie nicht braucht, sondern will. *DIE ZEIT*

Suche Mann, der auch eigentlich überhaupt keine Zeit hat. 47+/-5 J., ab 1,75/NRW/HH/M. *Bitte mit Bild. DIE ZEIT*

58j. Witwe, mö humorv. Witwer mit viel Zeit kennenlernen. HA

Und damit zum nächsten Kapitel.

Im Zeichen der Venus
oder
Wie Hund und Katz?

Fang ich mal, was Sternzeichen in Inseraten betrifft, mit der sanften Version an. Und die lautet so:

***Blonde Nixe** um 30 **gesucht von Scorpion . . .** HA*

***Einsamer,** sensibl. **Fisch,** 49/183, su. liebevolle Frau (a. Ausländerin). HA*

***Hallo Traumfrau,** nach 10 J. aus Spanien zur. **su. ich,** Journalist, **Waage . . .** das weibl. Gegenstück mit dem ich eine neue, schö. Zukunft aufbauen möchte. HA*

Aus Anzeigen wie diesen können Sie schließen: Der Inserent ist es gewohnt, Fragen nach seinem Sternzeichen (und gar dem Aszendenten!) zu beantworten. Und so gibt er es lieber gleich bekannt – und schützt sich vor der unliebsamen Überraschung, daß eine Frau sagen könnte: »Igittigitt! Skorpione kann ich auf den Tod nicht ausstehen!«

Kurzum: Menschen, die lediglich ihr eigenes Sternzeichen preisgeben, sehen die Astrologie in der Regel (die hier wie überall durch Ausnahmen bestätigt wird!) recht unverbissen.

Sollten Sie nicht wissen, was es mit den diversen Sternzeichen auf sich hat, hier eine kleine Lektion, wie sie im *Café*

Keese (Hamburg, Timmendorf, Berlin) ausliegt – zum mittwöchlichen »Astro-Ball«.

Widder (21. März bis 20. April)

Partner, die zum Widder passen: Mit dem *Löwen* sollte es auf Anhieb klappen. Mit dem *Schützen* sollte der Widder es probieren. Eine Verbindung mit einem *Zwilling* wird nie langweilig.

Stier (21. April bis 21. Mai)

Zum Stier passen: Die *Jungfrau,* das »Double« des Stiers. Der *Steinbock* gilt – wenn auch nicht ganz so feurig – als ideal. *Krebs* und Stier haben die gleichen Sehnsüchte.

Zwilling (22. Mai bis 21. Juni)

Mit dem Zwilling verstehen sich: am besten die *Waage.* Weil der Zwilling so anpassungsfähig ist, klappt es auch mit dem *Löwen.* Aber auch der *Wassermann* ist ein guter Weggefährte.

Krebs (22. Juni bis 22. Juli)

Zum Krebs passen: Der *Skorpion,* der Ordnung in die Gefühle des Krebses bringt. Sparsamkeit verbindet den Krebs mit der *Jungfrau.* Leidenschaftlich wird es zwischen Fisch und *Krebs.*

Löwe (23. Juli bis 23. August)

Die idealen Partner des Löwen sind: Der *Schütze,* in dem auch ein Feuer brennt. Der *Widder,* der wie der Löwe nach dem Leben greift. Heiteren Genuß am Luxus verbindet die *Waage* mit dem Löwen.

Jungfrau (24. August bis 23. September)

Zur Jungfrau passen: Der *Steinbock,* sein Intellekt und die Gefühle der Jungfrau ziehen sich an. Aus gleichem

Blickwinkel betrachten *Stier* und Jungfrau die Welt. Und mit dem *Krebs* umschifft die Jungfrau sicher jede Klippe.

Waage (24. September bis 23. Oktober)
Ideal zur Waage: Der *Zwilling* – er erlaubt Liebe auf den ersten Blick. Der *Schütze* – er erhält die Waage jung und munter. Oder der *Wassermann* – er weiß immer, was der Waage gefällt.

Skorpion (24. Oktober bis 22. November)
Zum Skorpion passen: Der *Krebs,* denn auch er kennt heiße Gefühle. Ideale Ergänzungen sind *Fisch* und Skorpion. Von gleicher Hartnäckigkeit sind der *Steinbock* und der Skorpion.

Schütze (23. November bis 21. Dezember)
Mit dem Schützen verstehen sich: Der *Widder,* er hat die gleiche Gemütsveranlagung. Auch mit dem *Wassermann* geht es gut, wenn man ihn an der langen Leine führt. Der *Löwe* ist dem Schützen wie auf den Leib geschneidert.

Steinbock (22. Dezember bis 20. Januar)
Zum Steinbock passen: Der *Stier,* er berücksichtigt das verwundbare Gefühlsleben des Steinbocks. Der *Fisch* hilft gerne bei der Planung des Lebens. Und die *Jungfrau* ist so etwas wie die zweite Hälfte des Steinbocks.

Wassermann (21. Januar bis 19. Februar)
Zum Wassermann passen: Der *Zwilling* – hier gibt's oft Liebe auf den ersten Blick. *Widder* und Wassermann, da sprühen Funken. Trifft der Wassermann als ersten Partner eine *Waage,* kann er sich vieles ersparen.

Fisch (20. Februar bis 20. März)
Zum Fisch passen: Der *Krebs* mit seinen gleichgerichte-

ten Gefühlsreaktionen. Der *Skorpion,* er gibt dem Fisch den rechten Halt. Aber auch der *Stier* ist eine ideale Verbindung.

Spaßeshalber – und das im wahrsten Sinne des Wortes! – ein Besuch im *Café Keese* – »einem Ehestifter ganz besonderer Art« – lohnt sich! Die Atmosphäre ist wie aus einem Film – nur live und in Farbe.

Doch zurück zum Thema Astrologie. Ein klein wenig enger wird's, wenn Sie Anzeigen lesen, in denen ein bestimmtes Sternzeichen kein Muß ist, aber garantiert eher in die »nähere Auswahl« führt, als andere Sternzeichen es tun:

> ***Skorpionfrau ... sucht*** *humorvollen, gutaussehenden Partner mit Niveau ab 45* ***(vorzugsweise Löwe oder Zwilling).*** *Zuschriften mit Bild bitte an die SZ*

> ***Ästhetin ... wünsche mir*** *pass. Partner,* ***Steinbock*** *oder* ***Jungfrau, aber nicht Bedingung.*** *Ohne Anhang; mit Foto. HA*

Wesentlich enger wird es bereits bei Anzeigen wie diesen ...

> ***Welche Zwillinge-, Waage-, Wassermann- oder Schützefrau antwortet einem verwitweten Löwen ...*** *DIE ZEIT*

> ***Jg. Mann,*** *32/190, halbwegs gutaussehend,* ***su.*** *liebev., hübsche* Stier- o. Skorpionfrau ... *HA*

> *Machen wir den Rest gemeinsam.* ***Wassermann*** *in den 50ern s.* ***Waage-/Schützefrau*** *in den 40ern ... HA*

... die aber immerhin *Optionen* bieten. Fallen die weg, wird es äußerst eng. In Fällen, wo ein Inserent ein bestimmtes Sternzeichen sucht, würde ich sagen: Wenn Sie ein anderes Sternzeichen sind, Finger weg! Wenn nachfolgende Inserenten meinen, nur mit dem einen oder anderen Sternzeichen ihr Glück zu finden, lassen Sie ihnen diese Illusion. *Sie* jedenfalls würden wenn Sie nicht das gesuchte Sternzeichen sind – *nicht* mit diesen Menschen glücklich werden:

> ***Gesucht: DIE SKORPIONFRAU*** *Sie sollte zwischen 35 und 45 Jahre sein. Gesucht wird sie von mir, einem Mann, der die Attribute dieses Sternzeichens zu schätzen weiß ... SZ*

> ***Schicke Zwillingefrau,*** *47 J., 1,78 groß,* ***su.*** *großen,* ***attrakt. Löwen ...*** *HA*

> ***Angestellter (Jungfrau),*** *1,82/35 J., blond,* ***su.*** *selbstbew., kämpferische* ***Skorpionfrau*** *aus guten Verhältnissen. HA*

> ***ER, (Krebs) su.*** *sensible, intel.* ***Fische-Sie bis 40 ...*** *HA*

Derart gezielte Suche wird nur noch von Anzeigen wie dieser übertroffen:

> ***Ich suche nur Dich:*** *Du bist eine junge, dunkelhaarige und hübsche Schütze-Frau (bis etwa 36 J.) mit Feuer- oder Luft-Aszendent. Ich bin ein Waage-Mann ... SZ*

Bei diesem Inserenten sollten Sie vorsichtshalber davon ausgehen, daß er keinen Schritt ohne seinen Astrologen tut. Wenn Sie das gut finden, passen Sie sicherlich hervorragend zueinander. Sollte es Sie nerven, beantworten Sie eine solche Anzeige lieber nicht. Auch dann nicht, wenn Sie genau das zu bieten haben, was der Inserent sich wünscht.

Fehlt noch das nach Jahren eingeteilte chinesische Horoskop:

Tiger
01.02.1938 – 18.02.1939 17.02.1950 – 05.02.1951
Hase
19.02.1939 – 07.02.1940 06.02.1951 – 26.01.1952
Drache
08.02.1940 – 26.01.1941 27.01.1952 – 13.02.1953
Schlange
27.01.1941 – 14.02.1942 14.02.1953 – 03.02.1954
Pferd
15.02.1942 – 04.02.1943 04.02.1954 – 23.01.1955
Ziege
05.02.1943 – 25.01.1944 24.01.1955 – 11.02.1956
Affe
26.01.1944 – 12.02.1945 12.02.1956 – 30.01.1957
Hahn
13.02.1945 – 01.02.1946 31.01.1957 – 18.02.1958
Hund
02.02.1946 – 21.01.1947 19.02.1958 – 07.02.1959
Schwein
22.01.1947 – 09.02.1948 08.02.1959 – 27.01.1960
Ratte
10.02.1948 – 28.01.1949 28.01.1960 – 14.02.1961
Büffel
29.01.1949 – 16.02.1950 15.02.1961 – 04.02.1962

Bei nachstehendem Heilpraktiker haben Sie somit die Wahl, ein Alter von 43 oder 31 Jahren anzunehmen.

Heilpr. Löwe/Schwein ... *SZ*

Welches Tier sich dieser Weisheit zufolge mit welchem versteht – und mit welchem nicht –, will ich Ihnen natürlich auch nicht unterschlagen.

* * *	**= tolle Verbindung mit ...**
* *	**= gute Verbindung ...**
*	**= eventuell problematisch ...**
NO NO	**= Hände weg von ...**
NEVER	**= vorprogrammierte Katastrophe mit ...**

Tiger	* * *	**Pferd, Drache, Hund**
	* *	**Ratte, Schwein**
	*	**Büffel**
	NO NO	**Affe, Schlange, Hase**
Hase	* * *	**Schwein, Ziege, Hund**
	* *	**Schlange, Affe, Pferd**
	NO NO	**Ratte, Tiger, Hahn, Hase**
Drache	* * *	**Affe, Schlange, Ratte, Hahn**
	* *	**Pferd, Tiger**
	NO NO	**Hund, Büffel**
Schlange	* * *	**Hahn, Büffel**
	* *	**Drache, Hund**
	NEVER	**Tiger, Schwein**
Pferd	* * *	**Tiger, Ziege, Hund, Hahn**
	*	**Ratte, Schwein, Büffel**
	NEVER	**Affe**
Ziege	* * *	**Pferd, Hase, Schwein**
	* *	**Affe**
	*	**Büffel, Hund**
Affe	* * *	**Drache, Ratte**
	* *	**Schlange, Ziege**
	NO NO	**Schwein, Pferd**

Hahn	***	**Büffel, Schlange, Pferd, Drache**
	**	**Hund, Ratte**
	NO NO	**Hase, Hahn**
Hund	***	**Pferd, Tiger, Hase**
	**	**Hahn**
	*	**Ziege, Drache**
Schwein	***	**Hase**
	**	**Drache, Ziege**
	NEVER	**Schlange, Schwein**
Ratte	***	**Drache, Büffel, Affe**
	**	**Hund, Schwein**
	NEVER	**Pferd, Hase**
Büffel	***	**Hahn, Ratte, Schlange**
	**	**Hase, Affe, Hund**
	*	**Ziege**
	NEVER	**Tiger**

Alles klar? Dann kann's ja weitergehen im Text.

Sekt & Selters oder ***Der überstrapazierte Morgenkuß***

Achten Sie mal drauf: Gut ein Drittel aller Anzeigen wimmelt nur so von Klischees – was nicht für die Kreativität der Inserenten spricht. Mehr noch: Was immer diese Klischees verlangen, liegt innerhalb der Norm. Das heißt: Ich kenne sehr viel mehr Frauen, die locker aus ihren Jeans ins Abendkleid steigen als Frauen, die nur Jeans oder ausschließlich Abendrobe tragen ... und sehr viel mehr Männer, die mal Jeans und mal den Smoking anziehen, als immer nur eines von beidem. Damit erübrigen sich Formulierungen wie diese:

> ***Sie,*** *28/1 61,* ***Jeans-Abendkleid-Typ ...***

> *Wer verbringt mit mir die Wochenenden?* ***In Jeans und Turnschuhen oder auch mal »chic in Schale«?***

> ***ICH GLAUBE, daß es ihn noch gibt, mit Jeans u. Smoking ...***

Ein mittlerweile höchst gängiges Klischee ist auch diese Formulierung:

> ***WINTERSTÜRME IN HAMBURG*** *Lebenslustiger junger* ***Arzt,*** *40/192,* ***der gern mal Jeans an- und ein Abendkleid auszieht ...*** *DIE ZEIT*

Was ich an Ihrer Stelle ebenfalls nicht benutzen würde, ist ein Klischee, das in der gleichen Ecke angesiedelt ist:

> ***ER,*** *40/180/80,* ***sucht Sie, die Sekt aber auch Selters mit ihm trinkt.*** *HA*

Ein weiteres, besonders beliebtes Klischee dreht sich ums Frühstück ...

> ***Männl. Wesen ... ist es leid allein zu frühstükken ...***

> ***ICH MAG NICHT MEHR ALLEINE FRÜHSTÜCKEN, von den übrigen Dingen des Lebens ganz zu schweigen ...***

... ein anderes um den »Morgen-« und »Gute-Nacht-Kuß«:

> ***Wer vermißt den Morgenkuß? Wer verschenkt ein Lächeln ...***

> ***UNGEKÜSST soll man nicht schlafen geh'n ...***

Nicht weniger strapaziert wird die Illusion, daß »zu zweit alles viel schöner ist«:

> ***Zu zweit macht das Leben viel mehr Spaß ...***

> ***Alleine ist das Leben nur halb so schön ...***

Auch diese Floskeln können Sie sich sparen. Und das nicht nur, weil Hinz und Kunz sie benutzen, sondern eben auch, weil es manchmal nicht nur gut, sondern auch verflixt notwendig ist, daß der Mensch »allein« ist: Wer mit sich selbst nichts anfangen kann, langweilt auch andere! Davon abgesehen gibt's wahrlich keine Garantie dafür, daß »zu zweit alles schöner ist«. Es *kann* schöner sein. *Muß* aber nicht!

Weitere Klischees, die sich in Anzeigen häufen, sind:

Gemeinsam ***Leben, Lieben, Lachen...***

Ich werde Dich ***auf Händen tragen,*** *wenn Du nicht so schwer bist.*

Stecknadel im Heuhaufen gesucht!

Träumen kann nicht alles sein, sich verlieben ist viel.

Was in diesem Kapitel natürlich auch nicht fehlen darf, ist der allzu beliebte Vergleich mit Autos:

Bauj. 1948, 181 cm Langausführung, keine Austauschteile, Langstreckeneinspritzmaschine mit 1 Zyl.-Mehrventiler, starke, beschützende Karosserie, sucht weibl. Pflege und Wartung *zwischen 28 und 35. HA*

Aber Hallo, ***gebr. Er, Bj. 1955,*** *185 gr., 79 kg schwer,* ***m. leichten Lackschäden, su. Mitfahrerin f. gemeins. Start. HA***

Damit wäre ich auch schon beim nächsten Thema angelangt. Dem nämlich, wie es Ihnen gelingt, mit einer Klappe (mindestens) zwei Fliegen zu schlagen!

Tanze mit mir in den Morgen
oder
Zwei Fliegen mit einer Klappe

Eine hervorragende Möglichkeit ist es *(mit Einschränkungen!)*, das »Nützliche« mit dem »Angenehmen« zu verbinden. Und per Inserat nach einem Menschen Ausschau zu halten, der einen zu einem bestimmten Ereignis begleitet.

Die Vorteile dieser Methode sind: Man hat für den Anfang ein Gesprächsthema.

Die Nachteile dieser Methode: Wenn man nicht vorher einigermaßen abgecheckt hat, mit wem man es zu tun hat, kann das ganze Ereignis ein Horror werden. Und, wenn man ganz viel Pech hat, auch noch peinlich.

Sollten Sie also – und das auch noch relativ kurzfristig – mit einer Anzeigenbekanntschaft zu einem besonderen Ereignis gehen wollen, lesen Sie Kapitel 9 lieber dreimal!

Wie so ein Ereignis aussehen könnte?

Ganz einfach. So wie diese:

> ***Mit Dir,*** *charmante Frau zw. 18 u. 38 J., mö. sportl., anschaubarer Mann, 46 J., m. Herz, Geist u. Seele, am* ***3. 7. 90 erst z. Essen, dann zu Bob Dylan!*** *Foto gegen Eintrittskarte? HA*

> ***Wer führt meinen neuen Hut zum Derby?*** *Aparte 42jährige, schl., sportl.-eleg. Typ, wünscht sich gepfl., niveauvolle, männl. Begleitung.* ***Bei gegenseitigem Gefallen kann der Hut auch zu anderen Gelegenheiten ausgeführt werden.*** *HA*

Welcher Mann liebt das Extravagante? *– und* ***ist*** *gleichzeitig an einer festen Bindung interessiert – und geht mit mir –* jung, hübsch – ***auf den Silvesterball 1989 im Atlantik-Hotel, Hamburg?*** *Bildzuschriften an DIE ZEIT*

FRANKFURTER OPERNBALL *Elegante, gutaussehende, sehr feminine* ***Dame sucht*** *»gestandenen«, seriösen, anspruchsvollen Herrn (ca. 52-58 J.),* ***mit dem dieses festliche Ereignis Auftakt für gemeinsames Miteinander im »richtigen Leben« werden kann.*** *Zuschriften aus F – HG – WI an die FAZ*

Äußerst gewagt hingegen ist es, gleich zu Beginn einer (potentiellen) Beziehung miteinander zu verreisen. Ich kenne Leute, die's getan haben. Und jeder von ihnen sagte: »Nie, nie wieder! In meinem ganzen Leben nicht!«

Sollten Sie also ein den folgenden ähnliches Inserat aufgeben: Tun Sie sich – und Ihrer Begleitung! – einen Gefallen, und verbringen Sie *vor* der geplanten Urlaubsreise genügend Zeit miteinander, um einander zumindest flüchtig kennenzulernen:

Wer eröffnet mit mir die Skitourensaison *und ist auch für geistige Gratwanderungen zu haben? Hübsche, sportl. Münchnerin, 40* ***wünscht sich*** *lieben Weggefährten fürs neue Jahrzehnt.* SZ

F. Rucksackreise nach S-Amerika (Pfingsten) und als Lebenspartner, Mann ab 28, ***gesucht...*** DIE ZEIT

WELCHE UNABHÄNGIGE DAME begleitet unabhängigen Mann ... zur Großwildjagd nach Afrika und vielleicht durch das weitere Leben? HA

Zerstreuter Professor em. su. f. geplante Weltreise händeringend eine jugendl. fröhl., garantiert bildhübsche, ***tropentaugliche Begleiterin*** mit Esprit und Charme, ***spätere Heirat durchaus erwünscht.*** Jede Bildzuschrift wird beantwortet. HA

Um Reisen geht es übrigens auch im nächsten Kapitel. Genauer: um Menschen, die ausziehen wollen, ihr Glück zu finden – ins Ausland.

So weit der Liebe Flügel tragen oder ***Liebe – international***

Es zieht Sie ins Ausland? Kein Problem. Denn es gibt mehr als genug Männer und Frauen »zwischen München und Los Angeles«, die über die überregionalen Tageszeitungen (wie FAZ, SZ*) oder das Wochenmagazin* DIE ZEIT *eine Partnerin/einen Partner suchen. Und zwar »Einheimische« des jeweiligen Landes ebenso wie Deutsche, die im Ausland leben. Oder »Pendler« sind. So wie diese:*

Ingenieur ... in HH u. Florida zu Hause, *wü. eine nette, charm. Frau m. Niveau ... kennenzulernen. Engl. Sprachkenntn. würden dem sehr entgegenkommen. HA*

Zwischen MÜNCHEN und CHALKIDIKI ... Griechin ... möchte ihre Nester in München und GR. mit Liebe füllen ... DIE ZEIT

Menschen, die ihren Hauptwohnsitz im Ausland haben, sind ebenfalls unter den Heiratsinserenten vertreten:

COPACABANA Privatier, Akademiker ... Hauptwohnsitz: Rio/Buzios, im Winter in Österreich, *looks for a fine independend lady to settle down with, around 30, qualquer nacionalidada. Bildzuschriften an die SZ*

Keine Puppe und auch keine Emanze suche ich

sondern ein unabhängiges sportliches Vollblutweib ... ***Zur Zeit lebe ich auf einer reizvollen Insel in den Kleinen Antillen in meinem Haus direkt am Strand. Ich habe aber auch noch ein großes Penthouse im Schwabenland.*** *Schreiben Sie mir bitte ausführlich mit Fotos. Bitte Tel.-Nr. angeben. Der Postweg dauert bis zu drei Wochen. FAZ*

IT'S A SUNNY TODAY IN SOUTH AFRICA Ich ... suche eine (Ehe-) Frau, die die ersten Jahre ihrer Ehe/Zweisamkeit ... unter dem Kreuz des Südens verbringen möchte ... *DIE ZEIT*

Sollte Ihnen so richtig nach Auswandern zumute sein, so haben Sie auch hier die Qual der Wahl. Und zwar nicht nur als Frau, sondern auch als Mann:

FÜHLEN SIE SICH REIF FÜR DIE IB. HALBINSEL? Dann schnüren Sie Ihr Bündel *und folgen einer natürlichen, charmanten Frau Anf. 50 mit mehr »gelebtem« als »bibliothekarischem« Wissen. Ihre Zuschrift, die eines humorvollen, gescheiten Mannes, an die FAZ*

Münchener (45), Restaurantbesitzer auf Kanaren-Insel Lanzarote*, sucht liebevolle Frau, auch mit Kind, zum miteinander Leben und Arbeiten. Zuschriften mit Foto an die SZ*

AUS NORDAMERIKA *Charmante, kultivierte, weltgewandte,* ***gebürtige Berlinerin ...*** *z. Zt. in Silicon Valley, Kalifornien, tätig, wünscht die Bekanntschaft eines erfolgreichen ... Herrn ... Im Sommer bin ich in Deutschland und würde mich über eine ernstgemeinte Bildzuschrift mit Telefonangabe an die FAZ freuen.*

AUSTRALIER ausgewanderter Deutscher, *sucht die Bekanntschaft einer Dame Anfang 40 . . .* ***Möchte Sie*** *verwöhnen und* ***mit nach Australien*** nehmen. Ein wenig Englisch ist daher vorteilhaft.
Ist Anfang November in Frankfurt. Zuschriften an die FAZ

Deutsch-Amerikaner . . . sucht . . . Frau . . . die in seinem schö. Haus in USA mit ihm leben möchte. *Komme Weihnachten nach Deutschland, evtl. Kennenlernen am 23. 12.; HA*

Was Sie unternehmen können, wenn Sie ins Ausland möchten und nicht darauf warten wollen, daß jemand von Ihrem Lieblingsfleckchen Erde aus inseriert? Auch ganz einfach: Sie inserieren selber. So wie diese beiden Damen:

5 J. Ausland machen tropentauglich, aber nicht kälteresistent. Nach *zwischenzeitlichem* ***Homestay möchte ÜBERSETZERIN*** *33, 160, 52, br. langes Haar,* ***wieder ins Ausland . . .*** *Ihre Bildzuschrift – gerne aus dem Ausland – erreicht mich über die FAZ*

Woman, *44, 1,72,* ***with residence in New York*** *wants creative and productive fun life with film-maker or man in related field to make movies and love and* ***live*** *happily ever after* ***in New York and Berlin*** *preferably at the same time. DIE ZEIT*
(Frau, 44, 1,72, mit Wohnsitz in New York, wünscht sich ein kreatives und produktives fröhliches Leben mit Filmemacher oder Mann, der mit dem Filmgeschäft zu tun hat, und möchte mit ihm bis in alle Ewigkeit glücklich in New York und Berlin lieben und leben – vorzugsweise zur gleichen Zeit.)

Wie ich im ersten Absatz bereits kurz erwähnt habe, müssen es nicht immer Deutsche sein, die aus dem Ausland inserieren:

Dr.-Ing. *47 J., 186 cm,* ***Ungar, z. Zt. in Budapest lebend,*** *unabhangig, unternehmungslustig, sucht gutaussehende, charmante, großzügige, gebildete Dame mit Esprit zwecks harmonischer Ehe. Bildzuschriften an die FAZ*

KANADIER *35 J., gutaussehend, braune Augen, braunes Haar, Geschäftsführer eines mittelgroßen Unternehmens, tolerant, liebt Sport, Natur, Reisen, deutsche Kultur, sucht Deutsche, 20-26 J., mit denselben Interessen, die in Kanada wohnen möchte, zwecks Freundschaft, Ehe und Familie. Schreiben Sie bitte an Box 123*

NEW JERSEY *»Ich habe keine Lust mehr, auf meinem Tennisplatz gegen die Wand zu spielen.« Erfolgreicher amerik. Geschäftsmann, 48/180, verw., 2 erw. Töchter, »with strong ties to Europe«, möchte gerne junge, attr. u. sportl. Sie kennenlernen, um sowohl einen Partner für ein Match als auch für das Leben (auch mit gemeins. Kindern) zu finden. Bildzuschriften, wenn möglich in Englisch, bitte an DIE ZEIT*

Faszinierend ist, daß wirklich Top-Männer aus dem Ausland inserieren. Diese beiden etwa – von denen ich weiß, wer sie sind:

Financier *Mid 50's, 187/85, Economist/Lawyer, career in International Banking and Portfolio Management, Multimillionaire held in high regard socially and professionally, active interests in Arts, Literature, watersports, Travel outdoors, gourmet cuisine, but most of all*

loves Family life and children (which, regrettably, he has sorely missed to date), seeks to meet a TOP LADY with similar interests and aims up to 38yrs. Child no obstacle. Write enclosing Photo (returnable): 234567 FAZ
(Finanzier Mitte 50, 187/85, Volkswirt/Anwalt im internationalem Bank- und Geschäftsmanagement, Multimillionär von hohem sozialen und beruflichen Ansehen, mit aktivem Interesse an Kunst, Literatur, Wassersport, Reisen, Gourmet-Küche, dessen größte Liebe dem Familienleben und Kindern gilt (worauf er, bis heute, leider verzichten mußte), möchte eine TOPDAME mit ähnlichen Interessen und Zielen kennenlernen, die nicht alter als 38 Jahre ist. Kind kein Hindernis. Schreiben Sie, mit Foto (zurück) an ...)

Er, der *keine* Ortsangabe machte, ist 58 (von wegen »Mid 50s!«), Grieche und lebt in Athen.

Der nächste ist Amerikaner (mit deutscher Großmutter!) und ebenfalls – Multimillionär:

Female companion, with view to marriage, is sought by a successful ***president of companies, located in California and U. K.*** *This special lady will be aged between 25 and 35 years, beautiful, intelligent, with a happy outgoing personality, who enjoys travel, mountains, skiing, the beach and theatre. For a meeting in U. K. in late October 89, please send details, with Photo and Tel.-No. HI 3456 ZEIT*
(Weibliche Begleitung, spätere Heirat nicht ausgeschlossen, gesucht von erfolgreichem Unternehmer. Die Firmen sind in Kalifornien und Großbritannien angesiedelt. Diese besondere Dame ist zwischen 25 und 35 Jahre alt, schön, intelligent, fröhlich, extrovertiert und hat Spaß an Reisen, den Bergen, am Skifahren, Strän-

den und dem Theater. Für ein Treffen in Großbritannien im Spätoktober 1989 schicken Sie bitte Details mit Foto und Telefonnummer an . . .)

Beide traf ich während der Recherchen für mein Buch *ICH SUCHE EINEN MILLIONÄR – Spätere Heirat nicht ausgeschlossen* (Moewig-Verlag). Und da ich diesem die Pointe nicht vorwegnehmen will, habe ich mich dazu entschlossen, Ihnen an dieser Stelle nichts weiter über die beiden zu verraten. Außer: Ich habe ganz schön nach Luft geschnappt, als ich sie sah!

Wozu ich Ihnen – insbesondere bei Inserenten wie den letzten beiden – dringend rate: Antworten Sie wirklich nur dann, wenn Sie dem Ideal des Inserenten eher mehr als weniger entsprechen. Und das geht damit los, daß Sie eine anderssprachige Anzeige nicht nur fließend *lesen*, sondern dem Menschen, der dahinter steckt, auch entsprechend fließend *schreiben* können. In *seiner* Sprache, versteht sich. Und daß Sie sich in seinen Kreisen bewegen können. Das heißt: auch einen Draht zu seinem Land und dessen Sitten zu haben. Es nützt Ihnen nämlich herzlich wenig, in Japan, Griechenland oder Südamerika zu sitzen – und Heimweh zu haben!

Damit Sie nicht nur bei Inserenten aus dem Ausland, sondern ganz generell nicht danebengreifen, folgt als nächstes eine kleine Lektion. Die nämlich, wie ein Mensch beschaffen sein muß, mit dem Sie es am ehesten aushalten können – für den »Rest Ihres Lebens«.

Somewhere over the rainbow oder *Sag mir, was soll es bedeuten ...*

Inserate sind so vielschichtig wie die Menschen, die dahinterstecken. Und je »weiser« der Inserent, desto gezielter versteht er es, diejenigen Menschen anzusprechen, die auf seiner Wellenlänge sind. Entweder auf subtile Art und Weise: indem er in seinem Inserat auf irgend etwas hinweist, das in bestimmten Menschen eine ganz bestimmte Saite berührt. Das sind die Sensitiven.

Die Unsensiblen benutzen den Holzhammer. Und wem *diese* Methode gefällt, der wird sich daraufhin bei ihnen melden.

Auch die Wege zum Ziel sind so verschieden wie die Menschen selber. Was den einen abschreckt, zieht den anderen an und umgekehrt. Wichtig ist, daß es eine gemeinsame Ebene gibt, auf der man miteinander reden kann.

Verrate mir, was du liest
oder
Hölderlin muß man lieben

Es empfiehlt sich, belesen zu sein, denn um so eher weiß man, wovon manche Inserenten reden.

Im Klartext: Wenn Sie sich für eine Anzeige interessieren, die einen Buch-, Film-, Musik-, Theaterstück-Titel beinhaltet – oder den Namen eines Autoren beziehungsweise Komponisten –, erkundigen Sie sich einfach nach dessen Inhalt respektive dessen Werk(en). Und schon wissen Sie, was gemeint ist. Wissen Sie das *nicht*, schreiben Sie nämlich daneben. Und das ist nun wirklich verschwendete Zeit. Für Sie beide.

Sobald Sie aber wissen, worauf ein Inserent anspielt, können Sie sich schon ein Bild von ihm machen. Denn was immer er erwähnt, spricht Bände:

> ***Ich** suche im Raum 4 eine gebildete, attraktive und sportliche Lady, die versucht, mit einem ziemlich bekannten Rechtsanwalt auszukommen. Sie sollte um die 35 sein. **Er liest gerade Joyce, mag die Fernsehkritiken von Barbara Sichtermann** und spielt etwas besser Tennis als Golf. Zuschriften an DIE ZEIT*

> ***BERLIN – NEW YORK – FRANKEN** Gemeinsam mit Elie Wiesel das Erinnern nicht vergessen, mit Dorothee Sölle sich auf die Hinreise machen, Erich Frieds Liebesgedichte lesen, auf der Madison Ave. bummeln gehen, **Blue Velvet** und der **Sinn des Lebens** ansehen, fränk.*

Tropfsteinhöhlen und die Mecklenburgische Seenplatte erforschen, italienisch essen gehen und fränkischen Wein probieren und vieles mehr, wünscht sich Software-Entwickler und Theologe (32/1,83/75) mit Hang fürs Unkonventionelle nach etwas unstetem Leben und mehrjährigem Auslandsaufenthalt von weiblichem Pendant (25-35), die ihre Frau im Leben steht und lang sam aber sicher eine Familie gründen möchte. DIE ZEIT

Achtung: Sollten Ihnen diese Namen/Filmtitel/Themen nichts sagen: Finger weg! Weil Sie offensichtlich auf einer anderen Wellenlänge liegen – sonst nämlich würden Sie mit diesen Namen garantiert etwas verbinden ...

Sehr direkt hingegen sind die Annoncen formuliert, um die es im nächsten Kapitel geht. Hier sagen die Inserenten klipp und klar, was sie vom anderen erwarten. It's a deal.

Wenn du mir ... dann ich dir
oder
It's a deal!

Fange ich mal mit den zweckbezogenen Annoncen der sanfteren Version an. Jenen, bei denen es um »Mitarbeit« geht. Oder: Du tust was für mich, ich tu was für dich ...

> ***Raum Braunschweig – Göttingen – Kassel. »Die Wahrheit beginnt zu zweit«. Allgemeinarzt,*** *38/186/80/NR, durch Praxis ortsgebunden in südniedersächsischer Kleinstadt, wünscht lebendigen Austausch, gemeinsame Entwicklung, Kinder mit Frau, die ihre Gefühle ernst nimmt und zeigen kann oder dorthin unterwegs ist ...* ***Teilen von Erwerbs- u. Familienarbeit wäre Super. Falls Kollegin: Hier fehlt besonders Psychoth., Gyn., Augen, Päd.*** *Beides nicht Bedingung. Diskr. u. Bild zurück garantiert. Zuschriften an DIE ZEIT*

> ***PROFESSOR*** *sucht charmante, hübsche* ***Partnerin zum Heiraten:*** *bis 34 Jahre, über 1,70 m;* ***med. u./od. PC-Kenntnisse angenehm.*** *Bildzuschriften (garantiert zurück) an die FAZ*

> ***Welcher*** *niveauvolle* ***TIERARZT sucht seine TRAUMFRAU?!*** *Wir könnten uns herrlich ergänzen,* ***ich versorge Dich ärztlich und Du meine Stute*** *(selten krank). Zuschriften an die SZ*

Bei den folgenden Inserenten geht es bereits um etwas

mehr. Hier ist nicht »nur« Arbeitskraft im Spiel, sondern auch Bares.

> ***Welche junge Stewardess*** *um Mitte Zwanzig, die nicht nur gut aussieht, sondern auch selbstbewußt und menschlich anspruchsvoll ist,* ***möchte mit mir,*** *28 Jahre, 1,82 m (Kaufmann)* ***eine Existenz aufbauen?*** *Spätere Heirat nicht ausgeschlossen bei Verständnis. Vertrauliche Zuschriften erbeten an die FAZ*

Weshalb, glauben Sie, sucht er eine Stewardess? Erraten: Weil er – Dank ihrer Zugehörigkeit zu einer Airline – für zehn Prozent des normalen Flugpreises durch die Welt jetten kann!

> ***DIE SITUATION: Ihr Vater hat eine bildhübsche und liebe Tochter und eine florierende Firma. Sie suchen einen Partner*** *mit bestem Niveau (z. B. selbständiger Unternehmer, 33 J., promov. Akademiker)* ***und Ihr Vater einen Nachfolger. MEIN VORSCHLAG:*** *Wir verlieben uns und der »Mehrwert« ist garantiert. Wir freuen uns auf unsere Babies und Ihr Vater über den Umsatz. Vorschlag angenommen? Antworten an die SZ*

Sehr geschickt, gleich Nachfolger zeugen zu wollen. So wird sie – und vor allem auch Daddy – ihn nie mehr los!

> ***FLOTTER GASTRONOM*** *(37), mit Know-how,* ***ohne Geld, sucht finanzkräftige und liebenswerte Sie, die den Mut hat, ev. in Florida mit ihm ein Geschäft zu eröffnen,*** *bei Zuneigung Heirat nicht ausgeschlossen. Zuschriften erbeten an die FAZ*

Da bleibt nur zu hoffen, daß nicht auch sie eines Tages »ohne Geld« dasteht.

Als *Ausnahme* hingegen betrachte ich folgende Annonce . . .

> ***51jähr. Gastronom,*** *1,83, dkl'haar.,* ***su. die Bekanntschaft einer*** *netten, ehrlichen Dame, mögl. ohne Anhang,* ***die Lust hat, mit ihm ein kl. Restaurant zu betreiben;*** *Whg. vorhanden. Bitte nur ernstgem. Bildzuschr. (zurück) an das HA*

. . . sie gibt mir ein *gutes* Gefühl. Weil sie ausgewogen und ehrlich erscheint.

Die nächste Kategorie bildet der »Hausmann«. Der tut gar nicht erst so, als wolle er für seinen Unterhalt arbeiten. Wenn er überhaupt was tut, wischt er Staub. Anfangs. Und dann irgendwann auch das nicht mehr:

> ***Hausmann,*** *Nichtr., 43/180, schlk.,* ***möchte sich in sensible, natürliche, schlk. Sie*** *verlieben. HA*

> ***Frühruheständler (»der ideale Hausmann«)*** *42 J., . . . , mit viel Zeit,* ***sucht mögl. materiell selbständige Sie, die seine Möglichkeiten zu schätzen weiß.*** *SZ*

> ***Junger Geschäftsmann 25 Jahre, sucht vermögende Dame bis 45 Jahre zwecks Heirat.*** *Zuschriften erbeten an die FAZ*

Sie merken es selbst: die Forderungen werden immer unverschämter. Der »junge Geschäftsmann« bietet nicht einmal mehr an, das Staubtuch in die Hand zu nehmen!

Ebenfalls in dieses Kapitel gehören jene Männer und Frauen, die den Leserinnen und Lesern etwas von »Tiefschlag« oder »momentanen Problemen« vorjaulen. Und jemanden suchen, der ihnen nicht nur »ein Dach über dem Kopf« bietet – sondern sie auch aus ihrer finanziellen oder sonstigen Misere zieht:

> ***WELCHE GUTSITUIERTE GESCHÄFTSFRAU gerne älter, ist*** *an einer Dauerfreundschaft interessiert und* ***evtl. behilflich bei der Lösung meiner Probleme?*** *Bin Arzt, selbständig, 42/1,80 m, schlanker, schwarzhaariger, jungenhafter Typ, sensibel (Krebs), warmherzig und verläßlich, ohne Hang zu Luxus, vielleicht auch mit einigen Schwächen, im Nebenberuf Dozent und Sachbuchautor. Ich freue mich über die Zuschrift einer Dame (kein Traumtyp) mit Sensibilität und Herzenswärme an die FAZ*

> ***Gesucht wird ein Mann*** *m. Herzensbild. u. Zivilcourage, etwa Ende 40 – Mitte 50 J., v. »Ihr« in gleicher Altersspanne, 1,62 gr.* ***Erforderl.: Führersch., handwerkl. u. kaufm. Fähigkeiten. Suche*** *wegen selbst., handwerkl. Dienstleistungstätigk. einen vertrauensv. u. schützend.,* ***aktiv. Mann, der mir wegen eines priv. Tiefschlags z. Seite steht*** *(deutschspr.), Persönliches entscheidet d. Kennenl.. Bitte ausführl. Zuschr.; HA*

Im Gegensatz dazu gibt es auch Frauen und (sehr viel häufiger) Männer, die dazu stehen, ihre »Liebe« gegen Versorgung zu verkaufen.

> ***»Garstige« Skorpionfrau, 40, möchte gern lebenslang nicht mehr arbeiten müssen und lieber einen reichen Mann zum Wahnsinn treiben.*** *HA*

> ***MEHRFACHER MILLIONÄR GESUCHT Von Haus***

aus bin ich *jung, attraktiv, witzig, geistreich, nur* ***leider nicht millionenschwer. Sie dürfen der Mann sein, der dieses kleine Handicap beseitigt.*** *Nur Zuschriften mit Foto werden in Betracht gezogen an die FAZ*

Erfolgreicher Hallodri sucht reiche, gutaussehende Frau, Alter egal, zwecks endgültiger, fester Bindung. Ich bin knackig, 25 Jahre, groß, blond, blauäugig und sehr gut gebaut. *Nur ernstgemeinte Bildzuschriften erwünscht an die FAZ*

Welche wohlsituierte Dame nimmt mich mit in den Frühling? Durch eine ungewollte Trennung wurde ich finanziell arg mitgenommen *und meine interessante Tätigkeit auf med. Neuland bringt mir noch keine Reichtümer.* ***Ich biete dafür aber einen Mann (60 J.) mit dem sich jede Frau bestimmt gerne sehen läßt und der bereit und fähig ist, die fehlenden, materiellen Werte durch männliche Fürsorge, Zuverlässigkeit und viel Zärtlichkeit zu ersetzen.*** *HA*

Wer in diesem Zusammenhang ebenfalls einen eigenen Absatz verdient hat, ist der verarmte Adel. Der – verständlicherweise – gerne wieder zu Geld käme. Und einem titelgeilen Weiblein oder Männlein seinen Namen – und sich selbst – verkauft.

ADELIGER sucht sehr vermögende Ehepartnerin – gern älter – der durch Heirat für sich u. ihre Kinder höchster Adelstitel übertragen wird. *Vertrauliche Bildzuschriften erbeten an die FAZ*

BARON VON . . . *Uradel, 34, Dr. phil., hochbegabt,* ***lei-***

der ohne Vermögen, sucht Ehe m. adäquater Partnerin. *Zuschriften an die FAZ*

Graf bietet gutsit. Dame Gelegenheit zur Heirat; *Zuschr. m. Tel.ang. an das HA*

PRINZESSIN *attraktiv, jugendl., sportl., natürl., liebreizend, unkonventionell, 43 Jhr., schlk., blond, ortsungeb,* ***sucht sof. liebensw., sehr vermögenden Ehepartner*** *(vorzugsweise älter). Bildzuschr. an die SZ*

Heart of gold
oder
Haste was – biste was

Damit Sie's gleich wissen: Was Sie in diesem Kapitel an Anzeigen lesen, würde ich an Ihrer Stelle *nicht* unbedingt als Vorlage für eigene Annoncen verwenden. Und – wenn Sie es nicht wie ich aus beruflichen Gründen tun – auch nicht darauf antworten. Weil Sie's nicht nötig haben, sich derart anzubiedern – und auch nicht auf so viel Schmus hereinzufallen.

> ***Schicke Sachen – dafür gibt sie gerne Geld aus, trotzdem wirtschaftet sie im Haushalt gut u. sparsam ...*** *HA*

Wesentlich massiver werden da schon diese Damen:

> ***SUCHEN SIE KEINE ANDERE, FINDEN SIE MICH werden Sie meine größte Schwäche! Welcher*** *seriöse* ***Herr,*** *NR,* ***möchte in meinem Mittelpunkt stehen, verwöhnt, umsorgt, geliebt und bewundert werden ...*** *Bitte antworten Sie mir mit Foto an die FAZ*

> *Sie haben im Leben alles erreicht. Nur eines nicht.* ***EINE FRAU*** *zu bekommen,* ***die einem Mann das Leben angenehm gestalten kann, die charmant, interessant, schön u. intelligent sein kann. Außer diesen Vorzügen bin ich*** *47 Jahre, 173 cm groß, blond, Nicht-*

raucher, schlank ***und habe eine Stimme wie der volle Klang einer Glocke.*** *Bildzuschr. an die FAZ*

Männer stehen dem honigsüßen Gesäusel übrigens in nichts nach. Und wenn sie nicht mit ihren »inneren Werten« klotzen, so wie diese ...

Ich liebe Dich! Dich streicheln, atmen hören, Dich fühlen, wie Du lebst. In dieser Nähe ertrinken wollen, *dies wär mein Wunsch für unsere Zukunft.* ***Biete an:*** *Dipl.-Ing., 45 ... SZ*

Selbständiger Unternehmer 54J., 1,76 ... ein Mann wie Ihn sich eine Frau nur wünschen kann; fürsorglich, warmherzig, liebevoll und großzügig, Haus- und Grundbesitz, ein Mann mit Stil und Format ... *SZ*

... dann klotzen sie mit ihren Titeln:

Nicht als Arzt, *41/178,* ***möchte ich geliebt werden,*** *sondern als Mann mit kleinen Schwächen u. Fehlern ... HA*

Männer sind übrigens nicht die einzigen, die sich ohne Titel nackt vorkommen. Auch manche Frauen schmücken sich gern mit einem solchen – auch wenn sie ihn nicht einmal selbst erworben haben:

ANWALTSTOCHTER, *attrakt., temperamentv.*

Temperamentvolle Sie ... Arzttochter ...

Unternehmerstochter, Ww., *39 J., 178, aufgeschlossen ...*

Zurück zu den Männern. Beliebte »Aufreißhilfe« ist das Auto – und da natürlich immer nur das eine:

__911 Turbo-Fahrer,__ Golfspieler...

JG. GESCHÄFTSMANN su. f. seinen Porsche nette Beifahrerin...

Um Sie nicht einseitig zu informieren: Auch Frauen klotzen mit irdischen Gütern. Was natürlich dumm ist...

Schlanke, gut aussehende __VERMÖGENDE DAME__ möchte mit gebildetem Herrn ab 65 Kontakt aufnehmen. 5/6/7/8. Bildzuschriften an die FAZ

__VERMÖGENDE__ attraktive __Zahnärztin__ aus Polen, 49 J., __mit eigener Praxis, Land- u. Immobilienbesitz (Masuren, Sopot)__ sucht einen adäquaten Partner fürs Leben, 52-57 J. oder __einen Herren, der ihr bei der Vermögensverwaltung helfen könnte.__ Zuschriften an die SZ

... denn wenn der Falsche darauf reagiert, sind sie schneller Pleite als sie »Pieps« sagen können!

Aus Mangel an Gelegenheit
oder
Das Schicksal wird's entscheiden

Warum, zum Donnerwetter, inserieren manche Leute, wenn sie glauben, sich gleichzeitig dafür entschuldigen zu müssen ...

> ***RAUM NIEDERSACHSEN Es ist ja sonst nicht meine Art, überhaupt Anzeigen dieser Art aufzugeben,*** *jedoch soll es zeitbedingt einen Versuch wert sein. Beruflich sehr engagierte Kauffrau, 44/179/68, blond, sportlich, attraktiver Typ, charmant und aufgeschlossen, etc., sucht das passende Gegenstück zwischen 44 und 50 Jahren. Bitte nur Bildzuschriften an die FAZ*

... beziehungsweise dem Leser zu versichern, man wisse ja, er sei für die Beantwortung eines Inserats überhaupt nicht der Typ:

> ***ZU ANSPRUCHSVOLL?*** *Wirtschaftsjurist, 33/180, nach allgemeiner Ansicht gutaussehend und von manchen angehimmelt, findet dennoch keine Partnerin. Jetzt reicht's! Sind Sie eine attraktive, gebildete und charmante junge Frau zwischen 20 und 32, der es ähnlich geht?* ***Dann melden Sie sich jetzt, obwohl Sie es eigentlich nicht nötig haben!*** *Zuschriften mit Bild aus dem Raum Bodensee/Süddeutschland erbeten an die FAZ*

Kaufmann, . . . möchte Kontakt zu einer Dame mit kleinen Fehlern, die nie auf eine Anzeige schreiben würde.

DIE FRAU, DIE ICH ANSPRECHEN MÖCHTE, WIRD DIESES INSERAT KAUM LESEN . . . FAZ

Sagen Sie selbst: Ist es nicht schauderhaft, nicht zu seiner Anzeige zu stehen? Und ganz einfach dumm dazu. Denn es ermutigt den Leser nicht, sondern hält ihn eher davon ab, auf eine Anzeige zu schreiben. Weil auch er plötzlich ein ungutes Gefühl hat, was diese Art des Kennenlernens betrifft. In der Umkehrung funktioniert's übrigens auch nicht – wie folgende Anzeige zeigt:

Frau mit Träumen u. Hoffnungen *für sich u. andere, sucht mutigen, menschenfreundlichen, großzügigen, kulturell, sprachl., geschichtl., polit. interessierten Mann für eine lebendige Beziehung, in der Nähe, Austausch, Zuneigung, Vertrauen u. vieles mehr gelebt werden können.* ***Er darf es ruhig nötig haben, die Inserate auf dieser Seite zu studieren*** *und sollte ihr (Lehrerin, 45, 1,75, 75, blond, mit 15jähr. Sohn im Raum Nord-West lebend) schreiben. DIE ZEIT*

Damit wäre ich nun bei den ersten absoluten »NO-NOs« angelangt. Dingen, die Sie niemals tun sollten. In bezug auf Anzeigen, versteht sich.

Zwischen den Zeilen gelesen
oder
Wie Sie mühelos den falschen Partner finden

Was Ihnen – als Inserent – überhaupt nicht weiterhilft, ist: Ihre Anzeige von anderen formulieren zu lassen oder gar eine Annonce, die Sie gut finden, zu kopieren.

Im Klartext: Gewiß läßt sich eine Zeile wie *MANN MIT TRÄNENSÄCKEN SUCHT FRAU MIT LACHFALTEN* problemlos übernehmen. Nur sobald Sie irgendwo abkupfern, schmücken Sie sich mit einem Einfall, den Sie gern *gehabt hätten*, aber *nicht hatten.* Damit geben Sie sich so, wie Sie gern *wären*, nicht aber wie Sie *sind.*

Daraus wiederum resultiert: Sie sprechen die falschen Menschen an. Die nämlich, die einen Menschen kennenlernen möchten, der diesen Gedanken hatte – *im Original.* Nicht die Kopie.

Ähnlich ist es, wenn Sie andere bitten, eine Annonce für Sie zu schreiben. Weil es nie Sie selber sind, der/die sich in dieser Annonce mitteilt. Und das schmälert automatisch Ihre Chancen, den richtigen Menschen anzusprechen.

Bei Anzeigen liest man nämlich nicht nur das schwarz auf weiß Gedruckte, sondern vor allem auch *zwischen* den Zeilen. Und genau diese Zwischentöne sind es, die einen völlig falschen Eindruck vermitteln, wenn Sie nicht selbst der Verfasser Ihrer Annonce sind.

Sie können nun mal nicht selber formulieren?

Natürlich können Sie es! Fangen Sie einfach mal an.

Und wenn es nicht gleich beim ersten Versuch klappt, dann vielleicht beim fünften oder sechsten. Nur Mut!

Was es sonst noch an »NO-NOs« gibt, erfahren Sie im weiteren Verlauf dieses Kapitels.

Fehlanzeige oder ***Von einem anderen Planeten***

Wie bereits gesagt, gehe ich davon aus, daß Menschen, die Heiratsanzeigen beantworten, diese einigermaßen regelmäßig lesen. Und das ist auch gut so. Denn erst wenn man die Ehewunschseite(n) eine Zeitlang verfolgt, kann man die »Dauerinserenten« erkennen, die dann wohl doch nicht ganz so traumhaft sind, wie es ihre Annonce vermuten läßt.

Einer, der »quartalsweise« – und das seit Jahren – inseriert, ist er:

> ***Flugkapitän,*** *gut ausseh., 48/1,78, kein alltägl. Typ, funkt SOS: An irdischen Gütern habe ich eine Menge zusammengeflogen. Wenn ich nach Hause komme, kocht mir keine Menschenseele eine Tasse Kaffee u. sagt Hallo. Der Dackel ist auch schon sauer. Welches nett. Mädchen fühlt sich angesprochen u. kann auch Chappi-Dosen öffnen? Wir heiraten auch, wenn man uns süchtig macht. Bitte ein Foto (der Dackel ist schreckhaft) an das HA*

Im Klartext: Die witzigste Anzeige verfehlt ihren Zweck, wenn der persönliche Eindruck nicht hält, was der Text verspricht. Wovon ich einfach auch mal bei der nachfolgenden Inserentin ausgehe:

> ***MEIN PROBLEM: Keiner glaubt, daß ich (wieder)***

frei bin. Ihr Problem: Sie glauben, schöne Frauen sind immer in festen Händen. Lösen wir's gemeinsam? Mittdreißig., Akad., schön u. grazil, mit *überwieg.* ***kultur. Interessen, sucht*** *ambition.* ***(Lebens-) Partner.*** *Zuschriften mit Foto erreichen mich in R. 6 über die FAZ*

Was natürlich ebenfalls in dieses Kapitel gehört, sind Annoncen, wie Sie sie nie, nie, *nie und nimmer* formulieren sollten – sofern Sie ernsthaft einen Partner suchen –, weil darauf nun wirklich kein (ernstzunehmender!) Mensch antworten kann:

Du männlicher Mann m. spitzem Kinn, *sehr schlank, NR!, ab 1,80 m, braun bis dkl.H.-Typ (grau/meliert), zw. 52 u. 59 J., sehr gebildet, endl. monog., lebst u. bewegst Dich in der Natur,* ***wünschst Dir eine Typ: HATHOR*** *(siehe F.A.Z. Nr. 218, S.33)* ***u. Amazone, Gazelle zum Lieben und Leben bis ans Ende unserer Tage. Sie ist keck u. sanft zugleich, lg. dkl.-braungold. Haare, universal in Geist u. Tat*** *(Lesen, Alpinski, sportl. Abenteuer). Zuschriften von blond. u. hellhäut. H. leid. zweckl., sonst bitte m. Foto (zurück) an die FAZ*

JEDES HERZ BRAUCHT EINEN GÄRTNER *Lehrerin, 27 Jahre, 172 cm, zierlich gebaut, hübsch, langhaarig, NR, ev., treu u. kinderlieb, wurde in ein mittelfränkisches Nest versetzt und träumt von ihrem Kleinen Prinzen, den sie hier nirgends finden kann.* ***Mein Kleiner Prinz hat etwas Grips und viel Herzenswärme.*** *Er träumt von einer Liebe, in der materielle Aspekte, äußerlicher Schicki-Micki-Kram . . . nicht zählen. Vielmehr geht er mit seiner Rose sehr behutsam um und reißt ihr keine Blätter aus. Wer träumt mit mir und hat den*

Mut, diese Träume zu verwirklichen? Über ein Bild und ein paar Zeilen freue ich mich! Unter ZS 1234567 SZ

Leider liest sich »mein kleiner Prinz« sehr viel eher als »der kleine Depp«. Was für Männer, frage ich mich, sollen wohl so eine Annonce beantworten?

Nicht nur zur Weihnachtszeit
oder
Frühlingserwachen

Zugegeben: *Wenn* einen Singie das heulende Elend packt, dann tut es das zumeist um die Weihnachtszeit. Trotzdem stünde ich einer »Weihnachtswunsch-Anzeige« an Ihrer Stelle ziemlich kritisch gegenüber. Weil sich's so nach »auf Biegen und Brechen« oder »auf Teufel komm raus« anhört. Und man(n & frau) unter »Zeitdruck« auch wesentlich weniger wählerisch ist. Und zugreift ... und klammert ... und das ist nun wahrlich keine Basis für eine Beziehung.

Originell sind derlei Anzeigen übrigens auch nicht mehr, weil man sie alle naselang lesen kann ...

> ***Junge, attraktive Frau** (31) **wünscht sich zu Weihnachten einen** lieben, humorvollen, gebildeten **Mann** (bis 45), der mit beiden Beinen im Leben steht und sich traut, einer Frau Geborgenheit, Vertrauen und Liebe zu schenken. Mit Bild wäre schön. DIE ZEIT (vom 9. November)*

> ***Welcher attr., unabhäng. Engel schmückt mit 58jährig. gutaussehd. Mann – 1,72 – Tannenbaum u. mö. mit ihm Karpfen essen?** Tel.ang. u. Bild: HA (vom 18. November)*

Frühling, Sommer, Herbst und Winter werden ebenfalls als Grund für die Partnersuche vorgeschoben:

Der Frühling ist für Verliebte . . . Waage-Frau . . . s. Mann . . . f. Osterspazierg. *u. Liebe mit Tiefgang. HA*

DEN SOMMER ZU ZWEIT GENIESSEN. *M./39/Akad./ attr./sportl., sucht Frau mit Nähe . . . Bitte Bildzuschrift. DIE ZEIT*

Im Herbst d. Frühling erleben *mö. natürl., zärtl. Sie, 42/1,72, mit Ihm; HA*

Großer Beliebtheit erfreuen sich auch aktuelle »Aufhänger«, die der Reportageseite der örtlichen oder überregionalen Tageszeitung entstammen. Nachdem beispielsweise die Münchener *Abendzeitung* geschrieben hatte, daß in Bayerns Hauptstadt 186.000 Single-Frauen leben, wimmelte es in der folgenden Samstagsausgabe der Münchener Zeitungen von Inseraten wie diesem:

Ich bin eine der 186.000 jungen, attraktiven und intelligenten Single-Frauen (s. AZ) *und habe es satt, allein zu sein. Welcher unkonventionelle, ungebundene, intelligente Mann mit Phantasie und Humor, gern auch unsportlich und ohne enge Mutterbindung, traut sich? Foto erbeten! SZ*

Kurzum: Wenn Sie Wert darauf legen, daß *Ihre* Annonce anders ist als alle anderen, sollten Sie keine aktuellen oder pseudo-aktuellen Aufhänger wählen. Denn genau diese Idee haben unzählige andere Inserenten/Inserentinnen auch. Und schon ist nichts, aber auch gar nichts mehr originell an Ihrem Anzeigentext.

Die einzige Anzeige, die ich im Zusammenhang mit einem festen Datum gut und »gerechtfertigt« finde, ist diese:

***NEUJAHRSWUNSCH** Unser Vater (56) – nach langer glücklicher Ehe – (seit 3 Jahren Witwer) sollte wieder heiraten. Er ist durch vielseitige Interessen und durch Sport jung geblieben, ein »Ideal-Mann« (schlank, 176 cm groß), der als Unternehmer – nach dem Tod unserer Mutter – sich zu stark jetzt um seine Firma kümmert, um zu vergessen. Für ihn wäre eine anschmiegsame, charmante, auch sportlich interessierte Frau (mögl. Witwe – auch mit Kindern, kath. – zumindest christl. orientiert), so ca. um die 45 Jahre, aus ähnl. Verhältnissen kommend, mit Esprit und gesellsch. Niveau, die auch ein großes Haus in der Nähe einer rhein. Großstadt führen kann, die Richtige! Wir, 3 Kinder sind teils im Beruf, teils im Studium stehend und würden uns über eine Antwort mit Foto freuen. Wir versprechen Ihnen, daß wir diese ungeöffnet an unseren Vater weiterreichen werden, **dem wir dieses als »Geschenk zum neuen Jahr« überreichen möchten.** – Zuschriften bitte an die FAZ*

... weil sie Sinn macht und aufrichtig klingt.

Wie der Herr so's G'scherr
oder
Freund oder Feind, das ist hier die Frage

Selbstverständlich können Sie auch per Annonce – von anderen einen Partner/eine Partnerin für sich suchen lassen. Nur: Wenn Sie schon auf »Strohmänner« zurückgreifen, wäre es eigentlich angebracht, daß diese der Suche auch mächtig sind. Und das sind Hunde weiß Gott nicht. Davon abgesehen: Wäre ich ein Mann, hätte ich garantiert keine Lust dazu, das fünfte Rad am Wagen zu sein. Noch weniger würde es mich reizen, »Frauchens Bett« mit einem Köter zu teilen.

> ***An alle Tierfreunde: Ich, ein kleiner Yorkshire, suche für mein Frauchen,*** *48 Jahre, gutaussehend, treu, lieb, verschmust, zärtlich und reiselustig,* ***ein dazu passendes Herrchen,*** *50-65 Jahre,* ***mit gutem Stammbaum.*** *Bitte nur ernstgemeinte Bildzuschriften an die SZ*

> ***Vorsicht, bissig sind wir zwar nicht, aber doch etwas wählerisch im Bezug auf den »Zukünftigen« unseres Frauchens.*** *Für Sie, 24 J./165, su. wir Ihn (bis 35 J.), der nicht unbedingt an die Großstadt gebunden sein muß.* ***Ein Foto wäre toll, denn Hunde können nicht lesen!*** *HA*

Mehr als peinlich finde ich es auch, Kinder für Ihre Zwekke einzuspannen, die gerade einmal »Papp« sagen können. Denn wenn Sie in einer Anzeige schon nicht für sich selbst sprechen können, wann dann?

> ***Benjamin, 1/2 Jahr alt, sucht für sich und seine Mami,*** *21 J.,* ***einen Kameraden,*** *der mit ihnen eines Tages vielleicht »Pferde stehlen« geht. Porsche unwichtig – Fahrrad vorhanden. Zuschr. an die SZ*

> ***Hallo! Mami ist einsam,*** *und wir können sie noch so lieb haben, doch ihr fehlst Du. Könntest Du vielleicht einmal schreiben? Mami ist 36 und für uns immer hübsch, lieb, romantisch und vieles mehr. Bis bald über die SZ*

Kurzum: Wäre ich ein Mann, würde ich auf eine solche Annonce nicht reagieren. Und das nicht nur, weil ich diese Art von Anzeige albern finde, sondern eben auch, weil ich gern *eine Frau* hätte, die mich »Egon«, »Herbert« oder wie immer ich heiße ruft – und nicht »Vater«!

Bleibt zu diesem Thema – aller (nicht nur) guten Dinge sind drei – die letzte Peinlichkeit: Eltern, die einen Ehepartner für ihr »Kind« suchen.

> ***ES WIRD NUN ZEIT: Wir suchen intelligente liebevolle, attraktive Schwiegertochter aus bestem Haus.*** *Unser Sohn ist 35 Jahre, groß, schlank, gut aussehend, ledig. Dipl.-Ing. in leitender Position in Norddeutschland. Zuschriften – mit Bild – werden streng diskret behandelt – erbeten an die FAZ*

Welche Frau, um Himmelswillen, könnte auch nur im Traum daran denken, sich ein Muttersöhnchen anzutun? Ein Mann von 35 Jahren, der nicht einmal in der Lage ist, seinen Eltern beizubringen, daß er sich lieber *selbst* eine

Frau sucht? Kein Wunder also, daß dieses Inserat immer mal wieder zu lesen ist . . .

Eine hervorragende Idee hingegen ist es, als Erwachsener für einen Menschen, der einem nahesteht, einen Partner/eine Partnerin zu suchen. Der ganz große Vorteil: Dem/der »zu Verkuppelnden« kann man den Frust der »Vorauswahl« ersparen. Indem man selber erst einmal schaut, wes Geistes Kind der- oder diejenige ist, der/die sich auf die Annonce gemeldet hat. Positive Beispiele für derlei Anzeigen sind die folgenden zwei:

> ***2 erwachsene Töchter denken, daß es so mit ihrem Vater nicht mehr weitergeht.*** *Unser »bestes Stück« ist 64, 182, promov. Rechtsanwalt, ein bißchen einsamkeitsübergewichtig, liebevoll, ehrlich, wanderfreudig, golfspielend. Interessanter und toleranter Gesprächspartner, dessen Liebesbedürfnis durch 2 Töchter nicht ausgelastet ist. Er und seine Töchter wünschen sich, daß seine »starken« Schwächen von einer adäquaten Partnerin mit ernsten Absichten im Raum Vorderpfalz/Baden entdeckt werden. Bildzuschriften bitte an DIE ZEIT*

> ***Wir Nichten suchen f. unsere jugendliche, liebenswerte Tante,*** *Mitte 40/169, schlank, hübsch, einen Lebensgefährten mit Humor (etwa 45 55 J.); HA*

Die beste Anzeige, die mir in diesem Zusammenhang unterkam, ist zweifelsohne diese:

> ***Wenn ich nicht schon glücklich verheiratet wäre, würde ich mich in DIESE Frau verlieben.***
> *Eine selbstbewußte, selbständige, attraktive Frau, die das Schicksal vor einigen Jahren zur Alleinstehenden*

machte. Der Sohn ist 18 Jahre alt. Optimismus und Lust auf Leben sind ihre Hoffnungen und Ziele. Ihre Spontaneität darf nicht erschrecken, ihre Power sollte nicht darüber hinwegtäuschen, daß sie sehr verletzlich ist, sensibel reagiert, sich fallenlassen kann, genießen kann. Mit ihr kann man Pferde stehlen. Sie ist mutig, unkonventionell, manchmal glaube ich, sie könnte Prince Charles die Polo-Sticks aus seinem Bentley klauen und diese hinterher der königlichen Familie zum Geschenk machen. Will sagen: sie ist gesellschaftlich relevant. Barfuß oder Lackschuh. Wiener Hofball oder Wiener Würstchen. Ängstlichen macht sie angst. Mutigen macht sie Mut. Sie ist liebenswert, sie ist fünfzig, 1,75 groß und lebt in Hamburg, ist musisch interessiert, läuft Ski, ihr Golf ist ausbaufähig. ***P. S. Ihre Antwort wird ausschließlich sie zu lesen bekommen. Es ist ihre Chiffre, es ist meine Überraschung.*** *DIE ZEIT*

Falls Sie mir jetzt an die Gurgel wollen – weil ich doch nichts von »Pferdestehlen« halte und ebensowenig von »barfuß oder Lackschuh«: Diese Anzeige *ist* toll. Weil daraus erkennbar ist, daß, wer immer dahintersteckt, sie sehr, sehr lieb hat. Und daß sie – verflixt nochmal! – einen guten Typen »verdient« hätte! So einfach ist das!

Um Ihnen gleich noch das kraße Gegenteil zu obiger Anzeige vor Augen zu führen ... lesen Sie mal diese:

Ich möchte meinen Freund wieder lachen sehen! Er *ist 30, blond, blauäugig und* ***kann aufgrund schlechter Erfahrungen in letzter Zeit niemandem mehr vertrauen.*** *Dennoch wünscht er sich sehnlichst eine feste Freundin. Er ist Computerfachmann, sieht gut aus, ist gebildet und hat ein angenehmes Wesen. Welches (seriöse) Mädchen möchte ihn kennenlernen? Bitte nur ernstgemeinte Zuschriften an die SZ*

Denn damit tun Sie Ihrem »Freund« garantiert *keinen* Gefallen! Mal ehrlich: Kennen *Sie* eine Frau, die sich einen solchen Miesepeter angeln möchte?

Ich nicht.

Und trotzdem liest man häufig Anzeigen – gar von dem/der Suchenden *selbst* aufgegeben –, die vor Negativität strotzen. Lesen Sie mal das nächste Kapitel!

Only the lonely
oder
Klageschriften

Wetten, daß Wilhelm Busch auf die Anzeigen, um die es in diesem Kapitel geht, sofort kontern würde: »Wer einsam ist, der hat es gut, weil keiner da, der ihm was tut.«

Im Klartext: Wer, glauben Sie, antwortet auf eine Annonce, die ein »von der Einsamkeit erdrückter« Inserent aufgibt?

Erraten! Wenn überhaupt, dann nur jemand, dem ebenfalls vor Einsamkeit die Decke auf den Kopf fällt. Damit treffen dann zwei Menschen aufeinander, von denen jeder der beiden den jeweils anderen für sein Glück verantwortlich macht. Und weil *kein* Mensch einem solchen Anspruch je gerecht werden kann, steht am Ende »die Einsamkeit zu zweit«. Und von der wußte nicht nur Erich Kästner zu berichten, daß sie die schlimmste ist.

Sollten Sie also Wert darauf legen, einen *fröhlichen* Menschen zu finden, lassen Sie die Finger weg von Formulierungen wie diesen:

Ich möchte *Dich finden, denn* ***die Einsamkeit erdrückt mich.*** *Bin männlich . . . wü. mir eine treue Lebensgefährtin . . . HA*

Einsam und allein. Allein im Kino, allein im Konzert, alleine essen. *So soll das Leben nicht sein. Kaufmann, 31/1,83, 78, sucht Dich, liebe Frau, um nicht mehr allein zu sein. HA*

Sind mir »die Einsamen« bereits ein Graus, läuft mir bei den »Enttäuschten« und den »Verzweifelten« erst recht eine Gänsehaut über den Rücken:

> ***ER, sucht nach großer Entäuschung nette einfühlsame Sie.*** *Bin 50, zurückhaltend und ruhig, habe aber das Alleinsein satt... Haus und Auto vorhanden... Angebot an die SZ*

> ***Enttäuschungen, Lug u. Trug bin ich leid.*** *Ich, weibl., 43/156... sehe jünger aus, suche aufricht., liebev. Partner ab 175, gern jünger, mit Sinn für Romantik u. Treue. HA*

> ***Meine Ehe ist*** *zu Ende,* ***was bleibt, ist Endtäuschung und Schmerz!*** *Welcher Mann kennt dieses Gefühl und schreibt mir? Sie, 52 J., blond, 1,70 groß. HA*

Zur letzteren: »Was bleibt« ist natürlich das »*End*(e)« einer »Täuschung«. Aber ganz abgesehen davon, daß sich »Enttäuschung« trotz und alledem mit doppeltem »t« schreibt, sollte man sie überwunden haben, bevor man sich nach einem neuen Partner umschaut. Weil sonst auch hier das Ende bereits vorprogrammiert ist.

Wer nichts erwartet, wird nicht enttäuscht oder *Immer langsam mit den jungen Pferden*

Natürlich erhofft man sich von dem Menschen, den man auf ein Inserat hin trifft, daß er »es« sein könnte ... Doch häufig ist er »es« eben nicht (siehe auch Kapitel 11).

Folglich werden Sie *eines* nicht tun: Das in Aussicht stehende Treffen bereits in Ihrer Annonce mit so viel Erwartung an den anderen zu belasten, daß es eigentlich nichts anderes mehr werden kann als eine Enttäuschung. Mit anderen Worten: Texte wie die nachfolgenden sind alles andere als ideal!

> ***Sympathie, miteinander reden, sich vertrauen können und plötzlich spüren, das ist der Mensch ...! Vielleicht trifft das für Sie und mich zu!*** *»Sie« bis 55 J., schlk., ich 63/183/80. Alles Andere beim Telefonat. Bitte Bildzuschriften an das HA*

> ***Wir schauen uns beide an, dieses kostbare erste Mal, in unsren Blicken Neugier, Skepsis, Erwartung, Enttäuschung, Hoffnung. Und wenn es dann plötzlich »Klick« macht, dann wissen wir, unsere Leben werden sich ändern. Was Du sähest:*** *einen wilden, romantischen, zärtlichen, großen Lausbub, 1,74, gutaussehend, ca. 44, sehr sportlich, durchtrainiert, auf allen Flugrouten der Welt zu Hause.* ***Was ich gern sähe:*** *eine attraktive, zärtliche, kritische, wilde, kameradschaftliche Frau, die meine Welt mit mir teilt,*

mit mir weint und lacht, in SFO mit mir ins neueste Musical geht (Beach Blanket Babylon), in Santa Monica mit mir Rollschuh läuft und am Wilseder Berg mit mir träumt. Ich weiß, es gibt Dich da draußen, R. 6 oder anderswo, bitte schreibe mit Bild, ich schicke fairerweise eines von mir. DIE ZEIT

Was die letzte Annonce betrifft, ist sie von ihrer Erwartungshaltung her übrigens mehr als blauäugig. So funkt's maximal im Film.

Und davon mal ganz abgesehen: »Liebe auf den zweiten Blick« gibt's auch. Und die hält oft sehr viel länger als Liebe auf den ersten.

Großer Beliebtheit erfreut sich auch das »vorgeplante« Leben. Noch bevor man miteinander telefoniert, geschweige denn sich gesehen hat, bindet der/die Inserent/in den/die Leser/in in den eigenen Lebensstil ein. Verplant ihn/sie regelrecht.

Mal ätherisch ...

Lebensbejahende Wasserfrau, 46, such ungebundenen Wassermann, ca. 50, der mit ihr die Lüfte durchkreuzt, fest auf der Erde steht, das Feuer entfacht u. auf den Wogen des Lebens schaukelt. SZ

... nicht selten 24 Stunden am Tag:

***Träumen, sich an ein Ziel heranarbeiten, Spaß haben, Gymnastik machen u. joggen, still dasitzen und das Schöne um sich aufnehmen, ein rauschendes Fest feiern, lachen, weinen und tief ins Leben eintauchen** – das alles möchte ich nicht allein erleben, sondern mit einem liebevollen Partner an mei-*

ner Seite. Sie, 37/174, schlank, NR, 2 Kinder. Bildzuschr.: SZ

. . . und in Ausnahmefällen auch so, wie man(frau) sich gern »verplanen« läßt:

Dr. med., *188, 38, Oberbayer, möchte sich niederlassen, sowohl i.d. Praxis, als auch in einer Beziehung.* ***Davos, Toskana, Griechenl., USA. Hart arbeiten, dann genießen. Alltag wegblasen. An Belastungsgrenzen gehen, i.d. Watzmann Ostwand u. im Bett. Faul sein. Wer inspiriert mich?*** *Zuschr. an die SZ*

Sie sehen: Es kommt nicht nur darauf an, *was* man sagt, sondern *wie* man es sagt. Mehr dazu im nächsten Kapitel.

Sage mir, wie du denkst . . .
oder
Wie man in den Wald hineinruft

Wenn man sich eine Anzeige schon eine Stange Geld kosten läßt, möchte man natürlich auch, daß sie sich von allen anderen Anzeigen abhebt.

Man sucht nach Möglichkeiten, sich von »der Masse« abzuheben, indem man in dem anderen sofort bestimmte Vorstellungen erweckt.

Um mancher Leute »Vorstellungen« nachvollziehen zu können, bedarf es allerdings eines ganz besonderen Einfühlungsvermögens . . .

Der geschenkte Gaul oder ***Partner-Roulette***

Schenken, so *Das Bedeutungswörterbuch des Duden*, heißt 1. – und nur dieses 1. ist hier von Interesse! –: *unentgeltlich als Eigentum geben.* Mit anderen Worten: Achtung, Achtung – wenn jemand anbietet, Ihr Eigentum werden zu wollen. Denn irgend etwas kann mit einem Menschen nicht stimmen, der sich Ihnen in die Arme wirft und Ihnen gehören will – mit Haut und Haar:

> ***SPORTLICHER MITTVIERZIGER ZU VERSCHENKEN*** *an hübsche, feminine, attraktive 35-45 J. junge, etwas sportliche Frau ... FAZ*

So gut wie geschenkt kriegen Sie auch diesen Herrn ...

> ***Einmalige Gelegenheit! Seebär,*** *37/178, vorzeigbar,* ***abzugeben an Nixe ...*** *f. eine harmon. Partnerschaft an Land u. zu Wasser. Zuschr. in. Bild (zur.) u. Tel'ang. erb.; HA*

... und diesen – vorausgesetzt, daß Sie einen von ihnen wollen:

> ***WINTERSCHLUSSVERKAUF*** *Dr. med. dent., 39, 177, 74, sucht immer noch eine hübsche, junge o. a. junggebliebene Frau, die sich ein Leben im Raum 63 vorstellen kann. Nur Bildzuschriften an die FAZ werden beantwortet.*

Was allerdings so gar nicht zum »Winterschlußverkauf« paßt ist, daß er »nur Bildzuschriften« beantwortet. Für einen, der sich einerseits anderen nachschmeißt, gibt er sich andererseits verflixt selbstbewußt!

Was die Formulierung der folgenden Annonce angeht, so hätte dieser Inserent vielleicht vorher auch einmal ins Bedeutungswörterbuch des Duden blicken sollen ...

> ***GUTSCHEIN. Gegen Einlösung dieses Gutscheins lernen Sie, bis 30, vielleicht einen 26jährigen, 181 cm großen, beruflich wie auch freizeitmäßig engagierten, jungen Menschen kennen. Aber Vorsicht, eventuell vom Umtausch ausgeschlossen! Zuschriften unter*** *ZS 67890123 SZ*

... das sagt: *Gutschein. Schein, der den Anspruch auf einen Betrag oder eine Ware bestätigt.* Genügt Ihnen das? (Abgesehen davon sind Dinge, die man per Gutschein erwirbt, grundsätzlich vom Umtausch ausgeschlossen – nicht nur »eventuell«!)

Recht hingegen hat folgender Inserent ...

> ***EINMALIG*** *Welches schlanke, gutaussehende, weltoffene, humorvolle und sportliche Mädchen zwischen 20 und 30 möchte einen 29jährigen Deutschen kennenlernen, auf den dies auch alles zutrifft und der außerdem im »Land der unbegrenzten Möglichkeiten« bereits eine einmalige Karriere gemacht hat. Wenn Du gerne reist und mehr von der Welt sehen willst, wenn Dich das Geld nicht verdirbt und Du vor allem ehrlich bist, dann sollten wir uns unbedingt kennenlernen. Fotozuschriften erbeten an die FAZ*

... und zwar insofern, als *jeder* Mensch einmalig ist (es

sei denn, er hat einen eineiigen Zwilling!). Was er zu bieten hat, ist hingegegen so »einmalig« *nicht*!

Wer ebenfalls an Selbstüberschätzung leidet, ist diese Dame...

> ***Die Chance.*** *Gutaussehende Sie, 26/1,72, schlk. m. vielseitigen Interessen wie Sport (Tennis, Ski, Schwimmen u.v.m.) Natur, Reisen u. Kultur, sucht gleichgesinnten Ihn. Bild? HA*

... denn derart allgemein gehaltene Annoncen gibt es wie Sand am Meer.

Ein Original – wenngleich nicht sonderlich originell – ist hingegen die Frau, die hinter dieser Anzeige steckt:

> *Ich suche meine andere Halbkugel, den* ***sinnlichen und warmherzigen Mann.*** *Es grüßt Sie herzlich eine ästethische, spontane und anschmiegsame »Gazelle«, 1,64, 52 kg. Naturblond, strahlende Augen, warme Stimme, schöne Beine. Frohnatur, temperamentvoller Fisch, tanze und schwimme oft. Kreativer Beruf, selbständig, erfolgreich, flexibel. Ich koche gern anspruchsvoll, am liebsten japanisch/ganzheitlich. Mit meinem 16j. Sohn und unserer Katze wohne ich in einem gemütlichen Haus in HH 52.* ***Sie*** *sind ca. 44-55, beruflich arriviert, groß, schlank, sportlich, unkonventionell. Ein phantasievoller, zärtlicher und freier Mann. Vielleicht ein Berliner oder New Yorker, der im Großraum Hamburg lebt. Sie haben viel Humor, sind esoterisch interessiert, aber nicht fixiert. Haben Sie Spaß an verbalen, literarischen und musikalischen Delikatessen? Wünschen Sie sich nährende Nähe, die nicht einengt, dazu verständnisvolle Offenheit und eine natürliche*

Frau, die ihre Vereinbarungen hält? ***Dann kann 223344 ihre Glückszahl sein. Spielen Sie!*** *Egal, ob mit oder ohne Bild, aber mit Ihrer ganz persönlichen Story.* ***Mich gewinnen Sie unter 223344 an die*** *FAZ*

Das einzige, was ich daran so überhaupt nicht auf die Reihe kriege, ist, wie eine solch »ganzheitliche« Person andere zum Glücksspiel animieren kann. Und das ganz davon abgesehen, daß »die andere Halbkugel« finden – bei Zeus! – anderes erfordert als ... oh weh! Was hier eigentlich gespielt wird, hat sie vergessen zu verraten!

Wenn Sie es unbedingt darauf anlegen, an die Spielernatur des anderen zu appellieren, wär's für den anderen ganz aufschlußreich, wenn Sie die Spielregeln erklärten. So wie diese beiden:

DER BESTE (BRIEF) WIRD PRÄMIERT! Teilnahmeberechtigt sind alle Männer zwischen 30 und 39, die groß, schlank, ästhetisch, humorvoll, genußfähig, charmant und liebevoll sind. Die Jury setzt sich zusammen aus einer anspruchsvollen Frau, die sich für phantasievolle Briefe und einen phantastischen Mann interessiert. Fotos sind zugelassen. *DIE ZEIT*

DER EINSATZ SIND SIE, der Gewinn könnte eine attr., sportl. Akad., 39/173/64, sein. Also, pokern Sie hoch! Bild? *HA*

Apropos Einsatz. Wenn Ihnen die ersten Anzeigen des folgenden Kapitels zusagen, sollten Sie darauf achten, ihn keinesfalls zu verpassen ...

Liebe – ein einziges Theater
oder
Vollkornbrot mit Kuschel-Quark

Tun Sie sich einen Gefallen: Vergessen Sie, daß die Liebe ein einziges (Affen-)Theater ist – wenn Sie gerade an einer Annonce schreiben. Denn anders als in dieser Form ...

Männliche Hauptrolle zu besetzen! In einem Stück, das noch geschrieben werden soll. Auf Dauererfolg und Langlaufzeit konzipiert. Schauspielerisches Talent ist nicht erforderlich, dafür Offenheit, Zuverlässigkeit und Durchstehvermögen. Die Regisseurin ist *41/1,72/63, schlank u. dunkelh., berufl. selbst. u. unabhängig.* ***Eine weitere Besetzung, 12 J. weibl., ist bereits vorhanden. Spielort Großraum Köln/Düsseldorf.*** *DIE ZEIT*

... oder in dieser ...

Hauptdarstellerin für Romantikserie (Privatinszenierung), *ab 25, groß, sportl., wild, willig, weich, wach und wandlungsfähig gesucht. Regisseur ist hauptberufl. selbst. Akad., 45, sportl., gutaussehend, gefühlvoll, warmherzig, optimistisch u. gern lustig u. kreativ.* ***Bei gelungener Premiere unbegrenzte Spielzeitverlängerung möglich. Bevorzugt Bildzuschr. R*** *77* ***und Südwest.*** *DIE ZEIT*

... geht es nicht. Und beides ist schon hundertmal dagewesen. Und damit alles andere als neu, geschweige denn originell!

Wenig originell sind auch Annoncen dieser Art ...

> ***Das gibt's doch gar nicht, daß ich in Frankfurt immer an Ihnen vorbeirenne!...*** *dem charmanten, niveauvollen ER (40+-10), der Lust hätte, mit mir Konzert-, Theater-, Kinobesuche und andere Aktivitäten zu teilen. Bin 39, mollig, sonst ganz normal und nicht unhübsch, eher konservativ und mache trotzdem furchtbar gerne das, was keiner von mir erwartet. Bevor Sie lange überlegen, können Sie auch gleich schreiben: an die FAZ*

> ***MÜNCHEN Weil Sie mir beim Vorbeigeh'n den Atem rauben, ich mich nach Ihnen umdrehe und mir dabei die Nase anrenne, deshalb möchte ich Sie jetzt kennenlernen.*** *Ich bin 50/1.87 und nicht ohne, ebenso wie Sie. Bis bald. Bitte mit Photo. DIE ZEIT*

> ***RAUM FRANKFURT ODER IRGENDWO***
> ***Wir sind uns schon begegnet ... Ein Blick, ein Lächeln ... Ich suche Dich beim Sport, auf Reisen, im Konzert, im Restaurant, beim Musikhören und Lesen ...*** *DIE ZEIT*

> ***Ich,*** *36/165, w., gesch.,* ***suchte ihn in Discotheken, hab ich Dich übersehen oder Du mich? HA***

> ***SÜDDEUTSCHLAND Immer wenn Du die Sonne siehst, lacht Dir mein Mund. Wenn der Wind Dich streicht, spürst Du meine Hände. In jeder Blüte riechst Du mich, im Wasser hörst Du meine Stim-***

me. Alle Bäume vermitteln Dir meine Nähe. Die Wolken sind meine Gedanken, die Erde ist meine Kraft. Dennoch hast Du (28-38) mich noch nicht erkannt. *DIE ZEIT*

. . . eher peinlich, wenn man sich die Altersangaben in diesem pubertären Geschwätz anschaut.

Und einen verkorksten Magen kriege ich allein beim Gedanken an die eine oder andere Rezeptur:

Welche Dame probiert Rezept zum Glücklichsein aus. Ich (173, 42) und Du und eine Prise Liebe. HA
Wer mag eine kleine Frau mit gesunder Lebensweise!
Hier ein Spezial-Rezept von mir:
Frühstück: Müsli gemixt mit Streicheleinheiten
Mittags: Viel Gemüse, wenig Fleisch
Nachtisch: Obstsalat mit Kuß
Abendbrot: Vollkornbrot mit Kuschel-Quark.
dies alles serviert Ihnen eine jugendl. Mittvierz. mit guter Position . . . Zuschriften an die SZ

REZEPT FÜR 1990 Ich suche led., gutsituierten, weltoffenen Er zw. 50 + 58, über 178, mit Geist, Chic + Charme, füge hinzu eine attrakt., gleichgesinnte Sie, das ganze wird vermischt mit Toleranz, Takt + einer Prise Ironie. Das fertige Gericht geschmückt mit kl. Aufmerksamkeiten wird tägl. mit Heiterkeit serviert. *Zuschriften nur mit Bild an die SZ*

Kurzum: Auf solche Anzeigen sollten Sie nur antworten, wenn Sie einen Roßmagen haben. Und als Erfinderin eines solchen Rezepts rate ich Ihnen: Verkaufen Sie's an die vom Theater. Im richtigen Leben ist es schlicht und ergreifend zuviel des Guten!

Apropos »zuviel des Guten«: Nicht genug davon können Sie tun, wenn es darum geht, Ihre Annonce noch einmal auf die Richtigkeit ihres Deutsch zu überprüfen. Denn was manchen Inserenten an Fehlern unterläuft, dürfte eigentlich gar nicht wahr sein. Aber sehen Sie selbst . . .

Deutsche Sprache, schwere Sprache
oder
Alles eine Frage des Stils . . .

Ganz zu Anfang meiner Annoncen-Beantwortungs-Aktion habe ich mich mehr als einmal gefragt: Wie kann ein Blatt wie *DIE ZEIT*, die *FAZ*, die *SZ* – aber auch jedes andere – ein so falsches Deutsch durchgehen lassen. Aber dann wurde mir klar: Wenn jemand seine Muttersprache nicht einmal über drei Sätze hinweg beherrscht, soll der Leser/die Leserin das ruhig wissen – weil er/sie ja eines Tages vielleicht damit leben muß.

Trotzdem kann ich mir dieses Kapitel nicht verkneifen.

Damit *Sie* also nicht die Fehler der folgenden Anzeigen wiederholen, hier ein paar abschreckende Beispiele:

> ***Sie,*** *28/161, Jeans-Abendkleid-Typ, humorvoll, romant., unternehmungslustig,* ***mit Tochter*** *(4 J.),* ***suchen*** *kinderlieben ihn für eine gemeins. Zukunft. HA*

Stimmt natürlich: »Eins und eins« sind zwei – also *suchen* sie. Und genau das täten sie auch zurecht, hätte die Formulierung »Sie . . . plus Tochter« oder »Sie . . . und Tochter« geheißen. »Sie . . . mit Tochter« hingegen heißt, daß sie – die eine Tochter hat – sucht. Ist doch ganz einfach, oder?

> *Typ 33/168, gutaussehend, intelligent, zärtlich, selbstbewußt,* ***der die Nase voll hat von Beziehungsgeschädigten, Dauerdiscomäusen und zankenden***

Emanzen, würde gerne dieses nette Mädchen kennenlernen, mit der *man lachen und weinen kann, die beim Baden am See genauso glücklich ist wie nachts in der Disco. Wenn es Dich gibt, melde Dich bitte mit Bild über die SZ*

Erstens: Eigentlich lernt man es schon in den unteren Volkschulklassen: *Die Frau* ist »weib –«, *das Mädchen* »sächlich«. Folglich muß es heißen: »... dieses Mädchen ... mit *dem* man ..., *das* beim Baden am See ...«.

Zweitens: Der Wechsel von der dritten Person (dieses Mädchen) in die zweite: »Du solltest ...« ist nicht nur ungeschickt, sondern schlicht und ergreifend schlechter Stil. Okay?!

»Tolle Fledermaus« *(Flugbegleiterin, lieb, frech, hübsch)...* ***von*** *außergewöhnlich* ***netten,*** *interess. u.* ***attraktiven Ihn*** *(37/187)* ***gesucht, der Dich*** *bei der Landung in die Arme nimmt u. nie wieder losläßt. (Bild›zuschriften bitte an das HA*

Erstens hat dieser Inserent Probleme mit dem Dativ. Richtig gewesen wäre: »... von *nettem, ... attraktivem Ihm* gesucht« – »... der sie« – nämlich die tolle Fledermaus! – »bei der Landung in die Arme nimmt ...« womit er zweitens bei der dritten Person geblieben wäre, mit der er begonnen hatte.

Ich habe Lust *mich zu verlieben: in eine Frau, mit der's* ***zusammen*** *»funkt u. knistert«. M. (33, 1,80). R. 75. DIE ZEIT*

Also: »mit der's ›funkt und knistert‹« langt dicke – was der Inserent sich da zusammengeschrieben hat, ist nicht nur doppelt gemoppelt, sondern schlicht und ergreifend falsch!

SCHÜTZE Leicht angegraut, 47, 182, 76, durch langen Aufenthalt im (Ehe)Reservat etwas scheu in der neuen Freiheit, sucht Partnerin (ca. 35-42 J.)... Bin mehrsprachig, wortgewandt, spontan, hilfsbereit, Nichtraucher, recht wohlhabend (aber trotzdem natürlich geblieben) und ***habe viel Freizeit, die ich gerne für Reisen und gemeinsame Unternehmungen mit Dir verbringen möchte...*** *HA*

»Wortgewandt« würde ich den Schützen gerade nicht nennen. Im Gegenteil: Satzweise ist seine Anzeige recht unglücklich formuliert.

Erstens: »*mit* Reisen« möchte er seine Freizeit verbringen – nicht »für«. Und dann auch: »mit Reisen und *gemeinsamen* Unternehmungen...«

Zweitens: »gemeinsame Unternehmungen mit Dir« ist nun wirklich doppelt gemoppelt: »gemeinsame Unternehmungen« oder »Unternehmungen mit Dir« sagt wahrlich genug.

WARUM *ist es für männliche Führungskräfte so schwer, in Spitzenpositionen aufzusteigen?* ***Sie haben*** *keine Ehefrau,* ***die ihm*** *kluge Ratschläge gibt! Denn Glück ist doch das einzige, das sich verdoppelt, wenn man es teilt! ER 30, ledig, sucht nette, attraktive Sie für das Leben zu zweit – im Raum STUTTGART –! Bildzuschriften an DIE ZEIT*

Oh nein! Wie kann man bei einer solch simplen Satzkonstruktion auch noch einen Grammatikfehler machen. Die Anzeige beginnt doch im Plural: »Führungs*kräfte*...« wird im Plural fortgesetzt: *»sie haben* keine Ehefrau,« und müßte folglich auch im Plural enden: »die *ihnen* gute Ratschläge gibt!« Was war denn daran bloß so schwierig?

Lieber gemeinsam grillen als alleine schmoren . . . *Schon gar nicht zum 32. Geburtstag, Anfang Juli. 170 cm* ***Weiblichkeit,*** *55 kg, blond, langhaarig, heiratswillig,* ***sucht*** *mindestens 40 Jahre alte,* ***homorvolle, charakterfeste, väterliche Schulter*** *zum Anlehnen.* ***Wenn er dann noch zu mir passend recht gut aussieht, wie ich,*** *für alles interessiert, was das Leben verschönert, sollte er jetzt einfach antworten, mit Bild an die FAZ*

Also: *Wenn schon* »lieber gemeinsam grillen als alleine schmoren«, dann *erst recht am 32. Geburtstag.* Damit geht es schon mal los. Sonst stimmt der Bezug nämlich nicht.

Zweitens: Schultern sind weder *homor-* noch *humor*-voll und schon gar nicht charakterfest. Das liegt nun einmal nicht in ihrer Art.

Drittens: »Wenn er . . .« – wo kommt der denn plötzlich her? Falls es der »Schulterbesitzer« sein sollte: warum schreibt sie das dann nicht?

Viertens: »zu mir passend recht gut aussieht« hätte genügt. Alles andere ist auch wieder doppelt gemoppelt.

Fünftens: »interessiert« ist man entweder *an allem* . . . oder aber man interessiert *sich für* alles.

Wie kann man bei der Formulierung einer so wichtigen Anzeige nur so schlampen?

Frl., schlank zum Verwöhnen von Geschäftsmann gesucht. Bin leider schon 49. Suche das Gegenteil. SZ

Was soll das denn? Wenn ich mir unter »Gegenteil« von »49« überhaupt etwas vorstellen kann, dann wäre das »94«. Und das dürfte nun wahrlich nicht gemeint sein!

Ein Traum vom Mann *ist es, eine schlanke, junge*

Frau zu finden, die morgens die Klamotten so auf den Tisch legt, daß er nur noch ***hineinschlüpfen braucht.*** *Bügeln und waschen tut er selbst. 42/1,89, gutaussehend, sportlich, schlank, wohlhabend. HA*

Erstens: »Ein Traum vom Mann« ist nun wirklich falsch. Da die – grammatikalisch richtige – Version *»des Mannes«* sich allerdings auch nicht viel besser liest, hier zwei Alternativ-Vorschläge. Der eine: *»Der Traum eines jeden Mannes ...«* oder: *»Ein Männertraum ist es ...«*

Zweitens heißt es richtig: »... hinein*zu*schlüpfen *braucht*« oder aber: »... hineinschlüpfen *muß*«.

Merke:
Sie tun sich selbst den größten Gefallen, wenn Sie darauf achten, nicht so schlampig mit der Sprache umzugehen! Und auch nicht mit jedem Buchstaben zu geizen. Aber das ist, wie könnte es anders sein, ein Kapitel für sich.

Kfm., n. gr., su. schl., bld. Sie m. OW. oder ***In der Kürze liegt nicht immer die Würze***

Ich weiß, ich weiß: Wer den Pfennig nicht ehrt ... usw., usw.! *Trotzdem* gibt es Gelegenheiten, bei denen man nicht an falscher Stelle sparen sollte: bei Anzeigentexten zum Beispiel.

Inserate nämlich, in denen jedes zweite Wort verstümmelt ist, lassen sich so schwer lesen, daß man sie einfach weglegt. Und somit »potentielle« Bewerber vergrault.

Im Klartext: Wenn Sie sich eine zehnzeilige Annonce nicht leisten wollen, lassen Sie sich lieber einen witzigen Ein- oder Zweizeiler einfallen (siehe auch Kapitel II.1).

Leute, die ihre Anzeige aus reinem Geiz mit Kürzeln spikken, geizen nämlich mit allem – also auch mit Phantasie. Und da gerade von dieser einige erforderlich ist, um bei einer solchen Anzeige durchzublicken, melden sich darauf – wenn überhaupt – nur die Falschen. Weil Phantasielose mit Kreativen herzlich wenig anfangen können.

Davon ganz abgesehen: Manche Anzeigentexte sind sowieso so kurz angelegt, daß sie ausgeschrieben wahrlich nicht die Welt mehr kosten, aber dafür gleich sehr viel attraktiver wirken würden. Zum Beispiel dieser:

> ***Sie,*** *56, 1,78,* ***schl., bl.,*** *ist sooo einsam!* ***Welch. liebev., zärtl.*** *Herrn geht's ebenso? RS 7890 HA* (98 Anschläge)

__Sie,__ 56/178, schlank, blond, ist sooo einsam! Welchem liebevollen, zärtlichen Herr geht's ebenso? RS 7890 HA (11 Anschläge mehr)

Der Witz an der Geschichte: Diese Anzeige hätte ausgeschrieben im *Hamburger Abendblatt* nicht mehr gekostet als in der abgekürzten Version.

Ansonsten habe ich festgestellt: Die Vorliebe für Abkürzungen hegen in erster Linie Männer. Die einzige größere Anzeige, die vor Kürzeln nur strotzte und die von einer Frau aufgegeben worden war, ist diese:

Mö. Leb. neu beg. m. gutherz., gleicherm. geist. anspruchsv. wie naturverbund. bescheid. Ehem. *Bin 39* ***J.*** *alt,* ***n. gr.,*** *Dipl.-**Textilgest.** (DDR),* ***z. Zt.*** *berufsmüde,* ***aufr., erlebnisfr.,*** *treu.* ***Kö.*** *auf* ***d.*** *Lande* ***leb. Int.: Handweb., Lit.,*** *Natur. DIE ZEIT*

Stimmt natürlich, daß diese Annonce sehr viel mehr Platz in Anspruch genommen hätte – und entsprechend teurer geworden wäre – hätte die Inserentin jedes Wort ausgeschrieben.

Andererseits: Hätte sie ihren Gesamttext geschickt »eingekürzt«, wäre sie auf zehn Anschläge mehr als in der Originalanzeige gekommen. *Ohne* wesentlich weniger zu sagen:

Möchte neu beginnen mit gutherzigem, geistig anspruchsvollem, naturverbundenem, bescheidenem Ehemann – vielleicht auf dem Land? Bin 39/158, (derzeit berufsmüde!) Dipl.-Textilgestalterin (DDR), aufrichtig, erlebnisfreudig, treu. Webe und lese gern. DIE ZEIT

Mal ehrlich: Liest sich diese Anzeige nicht gleich sehr viel ansprechender als das Original?

Nun aber zu den Männern. Und davon gleich zwei hintereinander weg. Ohne Kommentar – aber mit »Übersetzung«:

Immob.-Kfm. (Akad./selbst.)*, 48/180,* ***weltoff., selbstbew., unkonvent., sinnl., erfolgsgew.*** *wünscht sich nicht* ***alltgl. genußf., attrakt.*** *Dame* ***m.*** *Geist, Toleranz, viel Kurven* ***(o. W.) u.*** *Erotik,* ***f. gemeins. aufreg.*** *Zukunft sowie* ***m.*** *Interesse an* ***gemeins. geschäftl.*** Aktivitäten. ***Zuschr. m.*** Bild u. ***Telef'ang.*** HA

Immobilien-Kaufmann (Akademiker/selbständig), 48/180, weltoffen, selbstbewußt, unkonventionell, sinnlich, erfolgsgewöhnt, wünscht sich nicht alltägliche, genußfähige, attraktive Dame mit Geist, Toleranz, viel Kurven (Oberweite) und Erotik für gemeinsame aufregende Zukunft sowie mit Interesse an gemeinsamen geschäftlichen Aktivitäten. Zuschriften mit Bild und Telefonangabe ...

Du genießt es, Frau zu sein. Du bist klug, ***attr., schl., geist. off.,*** liebst ***Lit., Mus.,*** Kunst. Ich, 36, 176, ***NR, NT, gutauss., voll. du.*** Haar, ***mö.*** zu Dir ganz ja sagen ***u.*** eine ***leb. Liebesbez. voll Verst.,*** Wärme, ***Heiterk. u. Zärtl. aufb.*** Briefe von überall (bitte ***m.*** Foto) an DIE ZEIT

Du genießt es, Frau zu sein. *Du bist klug, attraktiv, schlank, geistig offen, liebst Literatur, Musik, Kunst. Ich, 36, 176, Nichtraucher, Nicht-(TRINKER? TÄNZER? TRÄUMER?), gutaussehend, volles dunkles Haar, möchte zu Dir ganz ja sagen und eine lebendige Liebesbezie-*

hung voller Verständnis, Wärme, Heiterkeit und Zärtlichkeit aufbauen. Briefe von überall (bitte mit Foto) an DIE ZEIT

Dann gibt es noch Inserenten, deren Abkürzungen so eigenartig sind, daß man erst einmal rätseln muß – wenn nicht jemand wie ich sich den Kopf für Sie zerbrochen hat:

Arch., (43/184/80), attr. Psk., jugdl.-sympt., sportl. *Typ,* ***led., zeitl. u. finanz.*** *unabhängig hat Wunschvorstellung: »Sie« 25 – 33 J., schl., gute Figur,* ***attrakt.,*** *klug, warmherzig* ***u.*** *liebenswert mit ehrlichem* ***aufgeschl.*** *Charakter.* ***Bildzuschr.*** *(garantiert zurück); HA*

Architekt, *43/184/80, attraktive Persönlichkeit, jugendlich-sympathischer, sportlicher Typ, ledig, zeitlich und finanziell unabhängig hat Wunschvorstellung: »Sie« 25 – 33 Jahre, schlank, gute Figur, attraktiv, klug, warmherzig und liebenswert mit ehrlichem aufgeschlossenen Charakter. Bildzuschrift (garantiert zurück); HA*

Dann gibt es noch Annoncen, die nicht allein durch ihre Kürzel verwirren, sondern bei denen, wenn sie ausgeschrieben sind, weder das Deutsch noch die Zusammenhänge stimmen:

Idealer Mann für Liebe auf den 2. Blick. Optimist, ***m.*** *Charme + Humor,* ***sens.,*** *unabhängig,* ***zärtl.,*** *gelassen,* ***sportl.,*** *Musik + Tanz, vielseitig, hübsch +* ***m.*** *Ausstrahlung, rot-grün, 38 J./1,80/71, Fisch* ***m. Asz.*** *Löwe/Widder, sucht Amazone:* ***sinnl.,*** *lebhaft,* ***mus. vielseit.*** *Interesse, direkt, zärtlich +* ***sens., schlk.*** *hübsch.* ***Zuschr. m.*** *Bild* ***u.*** *DIE ZEIT*

Idealer Mann für Liebe auf den 2. Blick. Optimist, mit Charme + Humor, sensibel, unabhängig, zärtlich, gelassen, sportlich, Musik + Tanz, vielseitig, hübsch + mit Ausstrahlung, rot-grün, 38 Jahre/1,80/71, Fisch mit Aszendent Löwe/Widder, sucht Amazone: sinnlich, lebhaft, musisches + vielseitiges Interesse, direkt, zärtlich + sensibel, schlank + hübsch. Zuschriften mit Bild unter…

Wie kommt's, daß er sich als »idealer Mann für Liebe *auf den zweiten Blick*« bezeichnet? In »hübsche« Männer, die zudem auch noch »Ausstrahlung« haben, verlieben sich Frauen zumeist auf den ersten!

Gar nicht in seine Aufzählung gehört: »Musik + Tanz« ebenso wie »musisches + vielseitiges Interesse« – nicht in der Form jedenfalls. Wenn schon: »musik- und tanzbegeistert«, »musisch und vielseitig interessiert«.

Kurzum: So gut der Einstieg in die Annonce ist, hält sie letztlich nicht, was er verspricht.

Bleibt, um mit den Anzeigen in diesem Kapitel abzuschließen, noch ein Kuriosum, für das ich drei Anläufe brauchte, um es endlich entschlüsseln zu können:

Hamburg: *Zu zweit macht das Leben mehr Freude. Deshalb möchte jg. Akad., hübsch, mädchenhaft, (40 J.) einen liebev., geb. Herrn (bis 42) für gem. Unternehmungen kultureller und sportl. Art kennenlernen, um eine harmonische Familie im gemütlichen Heim zu gründen. Bildzuschriften erbeten an MN 3030 DIE ZEIT*

Was, um Himmels Willen, soll »geb.« heißen?

»geboren«? Nein, das wäre unsinnig.

»gebunden«? Auch das nicht. Denn mit einem »gebundenen Herrn« läßt sich keine »harmonische Familie im gemütlichen Heim« gründen.

»gebildet«? Das kommt hin, steht aber so nicht im *Duden* – wie es die wenigsten Abkürzungen, die Inserenten/Inserentinnen sich einfallen lassen, tun ...

Im folgenden zeige ich Ihnen, an welchen Stellen man abkürzen darf. Ich beginne diese Lektion mit den Angaben zu Alter, Größe, Gewicht – wo die Würze tatsächlich in der Kürze liegt.

Da es sich mittlerweile eingebürgert hat, diese Angaben in obiger Reihenfolge zu machen, sind sie am klarsten, wenn Sie sie schlicht und einfach durch einen Schräg- oder Bindestrich voneinander trennen. Nämlich:

so: *42/180/80* oder so: *42 – 180 – 80*

Was Sie sich bei diesen Angaben in jedem Fall sparen können: hinter die »42« ein »J.«, die »180« ein »cm« und die »80« ein »kg« zu setzen. Denn das versteht sich von allein.

Weiter geht's mit Abkürzungen, die gang und gäbe und dabei völlig in Ordnung sind:

Akad. =	Akademiker
ev. =	evangelisch (nicht »eventuell«!)
kath. =	katholisch
NR =	Nichtraucher
selbst. =	selbständig

Das war's auch schon. (Klar können Sie auch »erfolgr. Kfm.« schreiben – aber *so* erfolgreich können Sie denn doch nicht sein, wenn Sie sechs plus sieben Buchstaben sparen müssen!)

Als nächstes folgen Wörter, die abzukürzen sich einfach nicht nicht lohnt. Weil es schlecht aussieht und Sie häufig nur einen einzigen Buchstaben dabei sparen – wenn überhaupt:

f.	= *für* dieses Wort ausgeschrieben spricht: Es wirkt sehr viel besser und kostet wahrlich nicht die Welt!
m.	= *mit* hat nur einen einzigen Buchstaben mehr. Den zu bezahlen sollte in Ihrem Budget doch noch drin sein!
o.	= *ohne ... oder?* Und überhaupt: Das »o« allein sieht, wie jeder einzelne Buchstabe, doch recht mickerig aus. Schreiben Sie es also aus.
o. A.	= ohne Anhang. *Welch gruselige Abkürzung – welch grobe Formulierung überhaupt!*
u.	= und, *wirkt sehr viel besser als das Kürzel oder kann ersetzt werden durch ein + oder &.*
J./Jhr.	= *Jahre.* Erstens: siehe oben. Zweitens: Sollten Sie diese Angabe im Lauftext verwenden, schreiben Sie das Wort aus. Es macht sich bezahlt!
gr.	= Erstens: siehe oben. Zweitens: Sollten Sie sich eine »große Frau« wünschen, sollte Ihr Traummann »groß« sein: Seien Sie großzügig. Schreiben Sie das Wort aus!
schl./schlk.	= *schlank.* Davon abgesehen, daß beide Kürzel sich scheußlich lesen,

können Sie um das gesamte Wort herumkommen, indem Sie eine Kiloangabe machen.

Nun kommen Abkürzungen, die der Inserent/die Inserentin für alle möglichen und unmöglichen Bedeutungen verwendet. Und die darum abgekürzt oft für Verwirrung sorgen:

aufr.	= aufregend/aufrichtig
beg.	= begegnen/begeistert/beginnen/begütert
Ber.	= Bereich/Beruf
erw.	= erwünscht/erwartet
ges.	= gesichert/gesucht/gesund
Int.	= Interessen/International/Intuition
NT	= Nicht-Tänzer/Nicht-Trinker/Nicht-Träumer
sens.	= sensibel/sensitiv

Bleiben noch die Wörter, die abgekürzt kaum noch etwas mit dem Wort gemein haben, das sie darstellen. Wie:

attr.	= »attraktiv« macht abgekürzt so gar nicht an!
sinnl.	= »sinnlich« abzukürzen ist höchst unsinnlich!
zärtl.	= »zärtlich« abzukürzen ist grob!

Diese Liste ließe sich beliebig lange fortsetzen – aber es ist mir zu dumm. Davon abgesehen: Wenn Sie sich nun, am Ende dieses Kapitels, nicht selbst zusammenreimen können, weshalb Abkürzungen Ihrer Annonce mehr schaden als nützen, kann ich Ihnen auch nicht weiterhelfen.

Weiter im Text geht es mit Annoncen, die man auch erst einmal lesen lernen muß ...

Die Katze läßt das Mausen nicht
oder
Mit Netz und doppeltem Boden

Klein, absolut nicht fein, dafür aber sehr wichtig ist dieses Kapitel. Hier geht's nämlich darum, daß Sie nicht versehentlich einen Menschen kontaktieren, der noch gebunden *ist. »Mensch« heißt in diesem Falle »Mann« – denn so mancher von ihnen bildet sich ein, es sei leichter, aus einer Ehe auszusteigen, wenn schon eine Neue auf ihn wartet. Manche geben es direkt und offen zu* – er *verpackte es sogar in einem Reim:*

> ***Zwar der jüngste*** *bin ich nicht (43 J.),*
> *auch zu klein für mein Gewicht (1,74),*
> *dafür frei von Hasch, Schnaps, Rauch,*
> *hoffentlich ist sie es auch.*
> ***Es steht jedoch noch auf der Liste***
> ***der Schluß einer Beziehungskiste.*** *HA*

Antworten würde ich ihm an Ihrer Stelle nicht. Denn Beziehungen mit Menschen, die man erst aus einer alten Verbindung loseisen muß, gehen meistens den Bach runter – und das aus gutem Grund. Erstens wird *sie,* die Neue, immer das – wenn auch vielleicht »nur« unterschwellige – Mißtrauen hegen, er könne bei nächster Gelegenheit dieselbe Nummer abziehen. Und *sie* – von heute auf morgen – stehenlassen, sobald er eine andere hat. Zweitens wird *er* ihr spätestens beim dritten Krach vorwerfen, er fühle sich, als sei er vom Regen in die Traufe gekommen. Und ihr auch noch verübeln, daß sie ihn aus seiner ach so guten Ehe gelockt hat. Genauer: aus einer Situation, die er »eigentlich« recht praktisch für sich gelöst gehabt hatte...

Im Gegensatz zu obigem Inserenten geben die meisten Männer jedoch nur versteckt zu verstehen, was Sache ist.

Achtung, Achtung und nochmals Achtung also bei Formulierungen wie diesen:

> ***Mann mit kaputter Ehe,*** *49/187, altersgemäße Gebrauchsspuren, Lehrer, Motorradfahrer, Kunst- und Weinliebhaber, bisher treu gewesen, z. Zt. mit »Down-Syndrom« sucht zum Wiederaufbau seiner sexuellen u. geistigen Existenz eine lebensfrohe, ein bischen gescheite und auch ein bischen hübsche* ***Frau*** *bis ca. 45 Jahre* ***zu einem eventuellen Neubeginn.*** *Raum München. Gläubige Christin zwecklos. Zuschriften, bitte mit* ***Ganzfoto*** *(zurück) an die SZ*

»Kaputte Ehe« heißt: kaputte *Ehe.* Also eine noch bestehende Verbindung. Daß er eine Frau für einen *eventuellen* Neubeginn sucht, unterstützt die Vermutung, daß er noch verheiratet ist. Hellhörig sollten Sie auch werden, wenn ein Mann mehr als eine »Bildzuschrift« – nämlich ein *Ganz*foto möchte. Auch *das* ist Zeichen dafür, daß ein »bischen gescheit« (mit einem »s«) durchaus genügt. Hauptsache, die Dame macht eine gute Figur!

> *Erfolgreicher,* ***von Ehefrau enttäuschter, in gr. Fr. lebender Geschäftsmann,*** *52 J., 173, schlank, sportlich, besonders Ski und Tennis, sucht niveauvolle* ***GESCHÄFTSFRAU*** *feminin, modisch, schlank, im Business Kostüm genauso aussehend wie in Jeans, zw. 35 + 48.* ***Es soll eine richtige Liebe werden.*** *Schreiben Sie bitte nur mit Bild und Angaben an die FAZ*

Au weia! Immer diese Abkürzungen! Was, zum Donnerwetter, soll ... *in gr. Fr.* lebend heißen? »... in großem Frust«? »... in großer Freiheit«? »... in großem Frieden?«

Nein, letzteres nicht. Denn was auch immer »... in gr. Fr.« bedeuten mag, so ist es keinesfalls etwas Gutes! Sonst stünde das »von Ehefrau enttäuschter« nicht davor.

Was mich weiterhin stutzig macht, ist die Formulierung: »Es soll eine richtige Liebe werden.« Auch das kann man auslegen, wie man will. Erwartet er eine Liebe, die so »groß« ist, daß die Neue das Vorhandensein einer Ehefrau in Kauf nimmt? Oder wünscht er sich eine Liebe, die »groß« genug ist, ihn aus seiner Ehe zu befreien?

Wie dem auch sei: Hände weg!!!

> ***Er**, 43/180, **su. Sie f. Wo'end- bzw. Dauerbeziehung,** bitte Bildzuschr. HA*

»Wochenend- beziehungsweise Dauerbeziehung« verheißt ebenfalls, daß der Herr gebunden ist. Davon sollten Sie, vorsichtshalber, einmal ausgehen. Es gibt nämlich auch Beziehungen, die *dauernd nur am Wochenende* stattfinden. Und die verlieren entweder ziemlich schnell ihren Reiz oder aber beginnen, weh zu tun. (Ask any girl oder auch ruhig mich: Ich war lange genug mit verheirateten Männern liiert!) Streichen Sie also solche Anzeigen – nicht zur Beantwortung an.

> ***Mal angenommen ...** Sie denken so wie ich Mal weiter angenommen ... Sie haben **auch** eine BAN (= besser als nichts Beziehung) ... oder bereits hinter sich. Wo ist Sie geblieben, die Liebe u. Zärtlichkeit, das Verstehen ... Es ist an der Zeit, **ich werde es ändern.** Gesucht wird **Die »Jennifer«** (wg. Jennifer Fieber von Barbara Gordon, Verlag Rowohlt). Bitte nur Bildzuschriften. Garantiert zurück. Alles weitere im persönli-*

chen Gespräch. Ach noch etwas, ich bin 47er Jahrgang, selbständig, finanziell unabhängig und liebe Reisen. Ich freue mich auf IHRE Zuschrift an MM/tz 1234567/1

Je gescheiter und gewitzter verheiratete Männer sind, desto subtiler machen sie der Leserin den Stand der Dinge klar. So wie er: »Sie haben *auch* eine BAN ...« heißt: *Er hat eine! BAN,* »Besser-als-nichts«-Beziehung, wie die amerikanische Partnerschaftsexpertin Susan Page derlei Verbindungen nennt *(Ich finde mich so toll, warum bin ich noch single?* Diana-Verlag). »... ich werde es ändern« heißt ebenfalls, daß er noch in einer Beziehung steckt.

Und genau das tut er. Ich hatte ihn nämlich angeschrieben, und er antwortete mir auch prompt ... und flog zwei Tage nach unserem ersten Telefonat von München nach Hamburg, um mich kennenzulernen.

Er ist ein wirklich interessanter, kluger und sogar feinfühliger Mann. Nur eben leider einer, der bislang noch nicht begriffen hat, daß er für *sich,* nicht für eine andere Frau aus seiner offenbar höchst unbefriedigenden bis unerträglichen Ehe aussteigen muß.

Achtung, Achtung auch bei Inseraten wie diesen ...

Wir, *weibl., 45/12 J.,* ***brauchen männl. Hilfe in allen Lebenslagen. Wer hilft uns?*** *HA*

Unternehmer *29/190, Brillentr., Nichtr.,* ***möchte*** *alleinstehende* ***Mutti*** *bis 35 Jahre* ***mit männl. Nachwuchs 5-12 Jahre kennenlernen.*** *Wie wär's? Wer von Euch probiert's mit mir? Über eine Zuschrift mit einem Foto von Euch freue ich mich sehr. Bis bald. MN 7654 HA*

Zum ersten: »... in allen Lebenslagen« *heißt* in *allen* Lebenslagen!

Wenn Sie also nicht gerade ein Samariter sind, sollten Sie die Hände von Frauen hinter solchen Annoncen lassen! Im *eigenen* Interesse.

Zum zweiten: Mag sein, daß ich das Gras wachsen höre – aber warum um Himmels Willen soll seine Wunschfrau unbedingt »*männlichen* Nachwuchs« mitbringen, der zudem auch noch zwischen »5-12 Jahre« alt sein soll?

Irgendwie jedenfalls vermittelt mir die Annonce ein höchst ungutes Gefühl. Ich an Ihrer Stelle würde jedenfalls nicht darauf schreiben – und schon gar nicht mein Kind mit diesem Herrn alleine lassen.

Und damit bin ich auch schon fast mitten im nächsten Thema. Das auf der nächsten Seite weitergeht.

Do you really want to hurt me?
oder
Hiebe = Liebe

Halt! Gerade wenn Sie glauben, mit diesem Kapitel nichts anfangen zu können, sollten Sie es unbedingt lesen! Nur so können Sie nämlich sicher sein,

1. nicht auf falsche Annoncen zu antworten und, wenn Sie Pech haben, auch noch eine Rückmeldung zu erhalten und

2. nicht versehentlich selbst eine Formulierung zu verwenden, die – von »Insidern« – völlig anders verstanden wird, als Sie sie gemeint hatten!

Fang' ich also – zur Erleichterung des Verständnisses – mit den relativ direkten Formulierungen der Sado-Masochisten an:

dominant:	a) beherrschend, bestimmend; b) dominierend.
dominierend:	(Jargon) sadistische Handlungen an einem Masochisten (mit dessen Einverständnis) vornehmend.
devot:	sich übertrieben ergeben jmdm. gegenüber verhaltend, zeigend.

Was sonst noch vorab zu sagen wäre: Eine *englische Erziehung* genossen zu haben bedeutet hier nicht Cambridge, Oxford oder Eton, sondern sich einem »dominanten« oder »strengen« Partner »willig willenlos« zu fügen.

Alles soweit klar?
Dann kann's ja losgehen. Mit Angebot und Nachfrage.

> ***ER*** *Akademiker, kultiviert und diskret,* ***mit dominanter Sinnlichkeit,*** *35/190/84,* ***sucht komplementäre Partnerin mit devoter Neigung*** *im Raum 6. Zuschriften erbeten an die FAZ*

> ***DEVOTE LADY*** *Wwe., sehr attr., dkl. Typ, schwarze Haare, 48 J., 164 cm, schl., mit Niveau u. Kultur,* ***sucht dominierenden Herrn*** *aus gehob. Kreisen* ***für eine phantasiev. Ehe.*** *Zuschr. erb. an die FAZ*

> ***DEVOTER ER mit streng englischer Erziehung, sucht dominante Lady, kompromißlos,*** *aber mit Niveau,* ***für fesselnde Ehe.*** *Zuschriften erb. unter 789012 an die FAZ*

> ***Sind Sie auch der Meinung, daß in einer Partnerschaft immer nur der Mann dominieren sollte? Ich bin der Ansicht, daß gerade umgekehrte Vorzeichen Grundlage einer knisternden Verbindung sind.*** *Attraktive,* ***selbstbewußte Dame,*** *28 Jahre,* ***sucht*** *auf diesem Weg* ***seriösen Ihn mit hohem Niveau.*** *Nur ernstgemeinte Zuschriften, evtl. mit Foto an die SZ*

Merken Sie was?
Nicht nur das Wörtchen *anpassungsfähig*, sondern auch das Wörtchen *selbstbewußt* hat eine völlig andere Bedeutung:

> ***Einsamer, sensibler, anpassungsfähiger Er,*** *50 J./183,* ***sucht selbstbewußte, energische Sie.*** *HA*

Herrischer Herr sucht (nicht ganz damische) Dame *– nicht nur für den Fasching. Gepflegter, gebildeter Mann (42, 1,80, schlank)* ***wünscht sich eine anpassungswillige Frau*** *– hübsch, charmant, mit »Köpfchen« und trotzdem einsam –* ***für eine hingebungsvolle Liebesbeziehung. Dein Mut, mir zu schreiben, soll belohnt werden!*** *SZ*

Nicht Frust *od. Midlife-crisis, sondern der Wunsch nach einer festen Partnerschaft. Attrakt. sympath., jugendlich-sportl., unabh.* ***Dipl.-Ing.,*** *44/178/78,* ***bewirbt sich um selbstbewußte,*** *sportl.-attrakt.* ***Dame*** *b. 39 J.; Auf Ihre Bildzuschr. (zur) freue ich mich. HA*

Sehen Sie? Nun werden die Anzeigentexte schon subtiler! Auch der nächsten Annonce würden Sie – sofern Sie nichts mit »der Szene« zu tun haben – wahrscheinlich nicht so ohne weiteres entnehmen, wer hier wen für was sucht. Obwohl das Wörtchen »auch« im ersten Satz der folgenden Annonce durchaus genügt, eine aufmerksame Leserin über die Neigungen des Inserenten aufzuklären:

FÜHRUNGSPERSÖNLICHKEIT *45/180,* ***auch beruflich in leitender Position, sucht anschmiegsames Pendant,*** *Raum HB/Wü.* ***Aussagefähige (Bild) Zuschriften bitte unter*** *an die FAZ*

Genießer sucht Gefährtin – nicht nur für ausgefallene Genüsse! *Auch schlichtere Freuden sollen gemeinsam gestaltet und ausgekostet werden ...* ***Er,*** *ein reifer Herr (54, 1,78) überdurchschnittlich dynamisch und lebenslustig (sportliche Erscheinung mit grauen Schläfen), als Manager bei einem internationalen Konzern tätig,* ***wünscht sich eine*** *eher zierliche* ***Partnerin*** *mit jugendlicher Ausstrahlung (irgendwie um 40),*

die sich gerne in Szene setzt, z. B. in phantasievoller Garderobe. Sie soll ihn zu Abenteuern inspirieren und *kulturell vielseitig interessiert* ***(oder lernbegierig) sein; zudem muß sie eine gewisse Anpassungsfähigkeit mitbringen und das Bedürfnis nach Führung durch einen anspruchsvollen Partner verspüren,*** *der seinerseits Geborgenheit, Orientierung, und Anregung bieten kann. Zuschriften, möglichst mit Tel.-Nr. z. Foto (garantiert zurück) an die SZ*

Ihn schrieb ihn an. Und formulierte meinen Brief ebenso subtil wie er seine Anzeige. Natürlich rief er an. Und verhielt sich auch bei dem Telefonat korrekt. Der einzige Satz, der mich darauf hinwies, daß ich mich *nicht* geirrt hatte, ihn dort einzuordnen, wo ich ihn angesiedelt hatte, war: »Ich hoffe, Sie haben meine Anzeige richtig verstanden . . .«

Ich fürchte, ich hatte es.

Trotzdem – oder gerade deshalb – traf ich ihn. Und fragte ihn zunächst, wie viele Briefe er auf seine Annonce bekommen hatte.

»An die 100«, antwortete er. »Aber nur *zwei* Frauen hatten mein Inserat richtig verstanden. *Sie* sind eine davon . . .«

Während des Abendessens wurde er dann konkreter. Malte mir aus, wie fruchtbar es – nicht nur für mich – sei, mich von ihm »erziehen« zu lassen. (Näheres darüber erfahren Sie in *ICH SUCHE EINEN MILLIONÄR – Spätere Heirat nicht ausgeschlossen!)*

Der Anzeigentext *dieses* Herrn ist übrigens nicht der einzige, der ohne verräterische Vokabeln wie »dominierend«, »selbstbewußt« und/oder »devot«, »anpassungsfähig« auskommt. Es gibt davon noch genügend andere:

... eine gute Mischung auf Hart + Zart

... eine sinnliche Herausforderung f. das subtile Spiel d. (wbl.) Psyche

... eine Paarung aus verrücktem Humor, beflüg. Phantasie, ...

***Er sucht Sie** bis Mitte 30, **die eine starke Hand zu** schätzen weiß.* HA

BILDSCHÖNE VOLLBLUTFRAU liebevoll, natürlich, gepflegt, sehr weiblich, Mini-, Jeans-, ***Dessous-, Pumps-, Lederliebhaberin,*** schlank, doch wohlproportioniert, ***ein Naturell in der Liebe, mutig, spontan, unternehmungslustig, selbstbewußt, anpassungsfähig, auffällige Erscheinung mit Faible f. Außergewöhnliches ges. Von: Vollblutmann,*** Mitte 30, sehr gepflegt bestes Auftreten mit sehr hohem Niveau in exponierter Stellung. ***Vertrauen, sich fallen zu lassen, zu genießen, zu leben, einen Traum für mehr als nur 9 1/2 Wochen zu erleben soll Wirklichkeit werden.*** *Also melde Dich und werde traumhaft glücklich. Evtl. Bildzuschr. an die SZ*

Daß Mickey Rourke seine Filmpartnerin Kim Basinger in dem Streifen 9 1/2 Wochen – grob gesagt – zu einer Masochistin »erziehen« wollte, sei nur denjenigen gesagt, die diesen Film nicht gesehen haben.

VENUS IM PELZ 43/172, Kleidergr. 40, langes/blondes gewelltes Haar, etwas barocker Typ, sammelt Gemälde und Schmuck, sichere Autofahrerin, zuverlässig, aber anspruchsvoll, sucht für Heirat selbständigen Unternehmer, Landwirt oder Pensionär ab 60 J. Meine Kinder

sind außer Haus suche eine feste und seriöse Verbindung Großraum Ffm. Zuschriften an die FAZ

Sollte die Dame *keine* Masochistin sein, so ist die Beschreibung »Venus im Pelz« höchst unglücklich gewählt. Denn es ist der Titel eines Romans des österreichischen Schriftstellers Leopold von Sacher-Masoch, der im 19. Jahrhundert lebte und von dem der »Masochismus« seinen Namen bekam. Deutlich wird diese Verbindung bei nachfolgender Anzeige:

VENUS IM PELZ *die wahre Liebesgöttin s. anpassungswill. Gentleman v. edlem Charakter, altruistisch und großz. denkend, dem süße Fesseln f. immer zu legen. R 6 bevorzugt. Zuschriften erbeten an die FAZ*

Apropos »süße Fesseln«: Auch »fesselnde Beziehungen« haben im Anzeigenjargon eine andere Bedeutung als im Alltag. Wer das nicht weiß, kann böse Überraschungen erleben. Wie es, aller Wahrscheinlichkeit nach, diese Dame getan haben wird:

Temperamentvolle Brünette *sucht kein frustriertes Mauerblümchen, sondern* ***fesselnde Beziehung*** *zu einem Mann zwischen 40 und 50 zum Leben, Lachen und Lieben. Wenn Du auch sehr hohe Ansprüche an Gefühl, Aussehen und Intelligenz stellst, könnten wir zusammenpassen. Nur ernstgemeinte Bildzuschr. an die SZ*

Bleiben in diesem Zusammenhang noch Annoncen, die zumindestens mißverständlich sind. Sie *könnten* auf sadomasochistische Neigungen der Inserentin/des Inserenten hindeuten, *müssen* es aber nicht:

Wer erträgt meine Nähe und hält mich (männl., *33/1,78, schl., blond, begeist. Rugby-Spieler),* ***auf Distanz?*** *HA*

Eine derart devote Formulierung läßt eigentlich keinen anderen Schluß zu, als daß der Inserent ein Masochist ist. Andererseits könnte er natürlich auch die nachfolgende Anzeige gelesen und umgefummelt haben, die mit 99,9-prozentiger Sicherheit nichts mit dieser Szene zu tun hat:

Lehrerin, *39, 1,72,* ***su.*** *attraktiven, lieben, humorvollen* ***Partner, der Nähe und Distanz aushalten kann.*** *HA*

Ob er abgekupfert hat oder nicht: Ich an Ihrer Stelle würde auf so eine Annonce nicht schreiben. Und auch nicht auf eine wie diese:

ECHTE GEFÜHLE, EHRLICHE ZUNEIGUNG SIND GEFRAGT! *Welche gehb. (beinamp.) junge Dame, hübsch, elegant, zw. 23-33 J., mit Freude am Leben, Lieben, Lachen, Träumen, fühlt wie ich und möchte mich 30 J./1,78 gr. (nicht beh.), gutaussehend, sympathisch, aufrichtig, erfolgreich, gerne kennenlernen? Ihre Bildzuschrift R 7/6 u. anderswo erreicht mich über die FAZ*

Ohne dem Herrn zu nahe treten zu wollen: diese Annonce erinnert mich fatal an den jungen Diplom-Physiker aus der Nähe von Augsburg, der im August 1982 Schlagzeilen damit machte, daß er in Totenhallen einbrach und Frauenleichen die Beine amputierte – aus sexuellem Verlangen.

Kurzum: Irgend etwas an der Anzeige verursacht ein ungutes Gefühl in meinem Magen. Und das insbesonders, weil der Inserent dick und fett darauf hinweisen zu müssen glaubt, was »gefragt« ist. Nämlich »echte Gefühle, ehrliche Zuneigung«.

Und da frage ich Sie: Was denn sonst???

Alles klar?
Prima. Denn dann werden Sie verstehen, warum das nächste Kapitel so wichtig ist.

Der Wunsch ist der Vater des Gedankens
oder
Wie man sich einen Reim darauf macht

Dann und wann gibt es Ehewunschseiten, auf denen sich keine einzige Anzeige findet, die sich so liest, daß man sie beantworten will. Dann wieder gibt es Ehewunschseiten, die voll sind von Annoncen, auf die es sich zu schreiben lohnt – auf den *ersten Blick.*

Doch mittlerweile wissen Sie, daß Sie sich einen sehr viel größeren Gefallen tun, wenn Sie noch einen zweiten Blick riskieren. Denn je öfter und je gründlicher Sie eine Anzeige lesen, desto sicherer wissen Sie, ob dieser Mensch ein Partner für Sie sein könnte.

Wenn Sie Intuition und Verstand gleichermaßen sprechen lassen, ist es gar nicht mehr so schwierig, die *für Sie* »erfolgversprechenden« Anzeigen herauszufiltern.

Versuchen Sie's doch mal spaßeshalber mit denen aus diesem beispielhaften Kapitel!

What you see is what you get
oder
Wer nimmt mich, wie ich bin?

Eine relativ häufig gewählte Form der Anzeige ist es, lediglich sich selbst zu beschreiben – den Wunschpartner hingegen mit keinem Wort. Und trotzdem weiß der Leser augenblicklich, ob er zu dem Inserenten paßt. Und das selbst dann, wenn sich die Selbstdarstellung der Inserenten auf maximal drei Sätze beschränkt ...

Arzt, 37/1,80, schlk., bisher berufl. allzusehr eingebunden, mö. sich verlieben. *Zuschr. wenn möglich m. Foto. HA*

Witwer, 55/1,72, sportl., schlank, läuft gern Ski, wandert gern, 1 x monatl. Oper, *wünscht eine nette Partnerin kennenzulernen. Gern mit Bild. HA*

Raum 7 – Netter junger Mann sucht nette junge Frau. Bin 30, 1,77, schlank, beruflich engagiert und viel auf Reisen. Bin eher still als laut und höre lieber zu. *DIE ZEIT*

Ganz einfach: Mann mit Eigenschaften, 38, humorvoll und kulturell engagiert, *sucht Sie, Raum 7*

JUNGGESELLE, *34/1,80, Raum 6; zwischen Herkunft und Zukunft; intellektuell und trotzdem konservativ; zwischen Erotik und trauter Zweisamkeit; evangelisch* *und damit fast überfordert; trotzdem Akademiker mit Humor; will Gefahr nicht länger gefährtenlos überstehen! Zuschriften an die FAZ*

... und erst recht, wenn einer gleich sein gesamtes Leben erzählt. Von der Kindheit angefangen:

EIN NIEDERRHEINER? weiß nichts, kann aber alles erklären (Hüsch). So einer bin ich, mit allen Narben, Falten und Lastern, die man sich so vorstellen kann. Weiter: Du wirst nie einer Frau gefallen, du kannst noch nicht einmal deine Schuhe putzen (Meine Mutter). Ein richtiger Hans-Warum (Mein Großvater). Du bist ja so unmöglich (Eine verflossene Freundin). Der 40. Geburtstag ist erfolglos vorübergegangen (Eigene Erkenntnis). Ergänzung: Ich flüchte nicht vor selbstbewußten weiblichen Wesen. Das Herumstromern habe ich sehr genossen. Das ist seit einigen Jahren aber vorbei. Die Rüstung ist weggeschmissen, und ich schlage nur noch ab und zu bei Richard Bach nach. Sehe leidenschaftlich gern Science-Fiction-Filme. Will immer noch Morgan fahren. Kann Neugierde kaum bremsen. Bin notorisch unordentlich und werde wohl nie einen Orden bekommen. Lästere viel. Komme beim Ausgehen immer als Letzter zurück. Mit meinen 49 Jahren und den 180 cm unterscheide ich mich so gerade eben von dem berühmten Glöckner. Lache trotzdem viel, zum Beispiel über David Forrest's Albert mit seiner Insel. Und das will ich: Eine sehr lebendige, knisternde und tiefe Partnerschaft ohne Grenzen, die in einer Familie mit Erweiterung mündet. Die Voraussetzungen sind da. Mir fällt gerade der Henry von Tom Sharpe ein. Nun bin ich gespannt

auf die Eva, die so einem Chaoten begegnen will. Ausgewandert, lebe ich im Zentrum der Welt, der Hauptstadt von NRW. Zuschriften (mit und ohne Bild, habe selber keins und muß erst zum Fotografen, oh Gott) *an die FAZ*

Ihm hatte ich geschrieben – und er meldete sich daraufhin bei mir. Was beim Telefonat herüberkam, war der Mensch aus der Anzeige und völlig okay.

Zu einem Treffen kam es allerdings nicht, weil ich mich zwischenzeitlich Hals über Kopf verliebt hatte – und somit einen guten Grund, meine Recherchen zu beenden! (Wer mich – wäre ich nicht bereits schon verliebt gewesen und auch ein paar Jährchen jünger – auch interessiert hätte, ist der Junggeselle zwischen »Herkunft und Zukunft«. Aber wie sagte doch Kurt Tucholsky: »Manchmal ist es schön, vorbeizufahren . . .«)

Ein weiteres beliebtes Stilmittel ist die Aufzählung der Dinge, die man selbst gern mag. Denn: Wer sich dafür ebenso begeistern kann, hat schon mal einiges mit dem Inserenten/der Inserentin gemeinsam – sollte man zumindest meinen:

ABENDSPAZIERGANG, BIZET, Charisma, Dali, Esprit, Fotografie, Gespräche, Harmonie, Italien, Jugendstil, Kinder, Lausbube, Monet, Nannini, Opernbälle, Phantasie, Quarkstrudel, Romantik, Segeln, Tennis, Unbekanntes, Vertrauen, Wärme, Zuhören . . . Können Sie mit dem Alphabet etwas anfangen? Dann verraten Sie mir (männl., Akad., 33 J., gutauss., Raum H) doch Ihres. *Zuschriften (mit Foto) an DIE ZEIT*

Eine Abwandlung dieser Annoncenart sind Anzeigen, in

denen nicht nur Vorlieben aufgelistet werden, sondern auch Dinge, mit denen man herzlich wenig anfangen kann:

GENUG GESINGELT
ICH LASSE MEINEN ZOPF HERUNTER . . .

Was ich mag:
Humor. Eigenwilligkeit. Monets Seerosen. Casablanca. Leinenklamotten. Lange Haare. Cayman Islands. Meine Tochter. Bruckner. Zärtliche Männer. Baryschnikow. Bateau Mouche. Morgentau. Grieg. Exotische Düfte. Italienische Schuhe. Meinen Hund. Meine Katze. Phil Collins. Komfort. Jack Nicholson. Key West. Art deco. Bonard. Klinit. Unabhängigkeit. Sensibilität. Meinen eigenen Stil.

Was ich nicht mag:
Opportunisten. Spießer. Besserwisser. Sucht. Körnerfresser. Profilneurotiker. Schubladendenker. Abhängigkeit. Schweißgeruch. Polyester. Emmas. Stickers. Heavy Metal. Brutalität. Operetten. Männer, die ihre Haare pumpen. Schwarz-weiß-Einrichtung. Joseph Beuys. Abgekaute Fingernägel Spinat. Austern. Massentourismus. Hochhäuser. Fast-Food. Arroganz. Völlerei. Mißgunst. Jein-Sager. Graue Wölfe in der Disco.

Bin 40 Jahre, blond, schlank, selbständig, sehr attraktiv; eine 100%ige Frau mit 1000 Fehlern. *Vielleicht schlummert irgendwo der Mann, der fähig ist, meine Liste zu komplettieren oder eine gemeinsame zu erstellen. Bildzuschriften bitte an die SZ*

Raum HH und sonstwo Fahre lieber Porsche als

Ente, esse lieber Hering als Kaviar, Glatzköpfe sind mir lieber als Hohlköpfe und ebenso Sein als Schein. Quirlige, sportliche Frau, 32, 176, dunkelhaarig und hellköpfig, möchte nach Zeit des Freiheit- und Luftschnappens Familie gründen. *Ich freue mich über jede Zuschrift – wenn nicht mit mir, dann vielleicht mit einer meiner Freundinnen. DIE ZEIT*

Inserenten, die solche Texte aufgeben, kommen häufig aus der Werbebranche. Das heißt: Sie können verkaufen. Gelb für Grün. Blau für Rot. Ein X für ein U. Und: sich selber . . . bis man sie dann zu Gesicht kriegt. Und bei einigen von ihnen das kalte Grausen!

Kurzum: Hinter witzigen Anzeigen verbergen sich weiß Gott nicht immer witzige Leute!

Ziemlicher Beliebtheit erfreut es sich, in der Annonce gleich vorweg zu sagen, was man alles *nicht* ist . . .

47jährige nicht groß, reich oder dumm, mit eigenem Willen, trotzdem anpassungsfähig und fast immer guter Laune, mit Interessen für Musik, Tanz, Theater u. v. m., möchte sich in oder ca. 100 km um VEC verlieben. *Zuschr. an die FAZ*

Casanova, Krösus, Adonis oder Einstein bin ich nicht. Aber auch einmalig u. von jedem etwas. Dipl.-Ing., 35/181, sportlich, ansehnlich, *sucht gutausseh. Partnerin. Bildzuschrift an die SZ*

. . . oder wie »unsäglich«:

Köln: Langweiliger, kümmerlicher, wortkarger, bettelarmer, humorloser, strohdummer, kurzsich-

tiger, neurotischer, verknöcherter, debiler, bigotter, versoffener, widerwärtiger, ungläubiger, zahnloser, halbtoter, zynischer, uralter (35) Mann sucht adäquate Frau. *Bildzuschrift an DIE ZEIT*

Darüber kann ich zwar gar nicht lachen, aber ich muß ihm ja auch nicht antworten, dem kümmerlichen, strohdummen Kölner – der mit Chance tatsächlich strohdumm ist. Und eines Tages sagen könnte: »Du wußtest es von Anfang an . . .!!!«

Den Leser/die Leserin direkt anzusprechen, ist eine weitere Variante. Mal ist sie gelungen . . .

Bitte legen Sie die Vorurteile ab, daß wir Lehrerinnen überkorrekt, spießig und humorlos sind. Ich bin eine Frau, 50 J./172, geschd., mit sämtl. weibl. Attributen, sensibel, zärtlich, sportlich, unkompliziert, humorvoll, nicht unattraktiv u. glaube meinem zukünftigen Partner mehr zu sein, als nur ein interessanter Gesprächspartner. Wetten? *Bitte ernstgem. Zuschr. an das HA*

. . . und mal nicht:

Wer nascht gerne? Sie, 50, 1,58 m, Bankkauffrau, schlank, unternehmungslustig, etwas sportlich u. vielseitig interessiert, bietet süßes Plätzchen zum Probieren. *Zuschriften an die SZ*

Was die Bankkauffrau an Antworten bekommen haben mag, kann ich Ihnen auch verraten, ohne es recherchiert zu haben. Nämlich ein zweideutiges Angebot nach dem anderen.

Bleiben noch: Annoncen, die eine einzige Bedingung an den potentiellen Partner/die potentielle Partnerin stellen – und damit Anzeigen wie diese:

> ***Christ, Mediziner, eher zurückhaltend und schwer zugänglich, aber offen, psychose-erfahren, in Psychotherapie gereift,*** *suchst christliche Lebenspartnerin, ca. 25-35jährig, in Süddeutschland.* ***Traumziel: Familiengründung.*** *DIE ZEIT*

Der Mediziner hätte nicht extra darauf hinweisen müssen, daß er eine »christliche Lebenspartnerin« sucht. Denn mit welchem Typ von Frau er »etwas anfangen« könnte, ist so deutlich, daß darauf – wenn überhaupt – nur Frauen antworten, die voll und ganz mit dem Inserenten konform gehen. Was ja auch der Sinn der Sache ist . . . und was die Inserenten des folgenden Kapitels ebenfalls erreichen wollen. Wenn auch auf andere Art und Weise.

Ich suche, also bin ich
oder
Wenn Du so bist wie Dein Lachen...

Ebenso vage, wie manche Inserenten ihre Wunschpartner beschreiben, erzählen andere über sich selbst nur andeutungsweise. Trotzdem sagen sie damit in der Regel genug aus, um den Leser wissen zu lassen, was sie suchen. Und das häufig sogar kurz und bündig:

Fünfzigerin braucht einen Freund, der es ehrlich meint, der mit ihr lacht und mit ihr weint. *Zuschr. bitte an die SZ*

Ich suche im Raum 4 eine gebildete, attraktive und sportliche Lady, *die versucht, mit einem ziemlich bekannten Rechtsanwalt auszukommen.* ***Sie sollte um die 35 sein.*** *Zuschriften an DIE ZEIT*

Zu knapp ist hingegen diese Anzeige geraten...

Kaufmann, 47, 1,80, Wassermann, dunkelhaar., sucht adäquate Partnerin. *Zuschr. m. Bild u. Tel.; HA*

Der Kaufmann erzählt nun wahrlich zu wenig von sich, als daß eine Leserin wissen könnte, was er mit »adäquat« meint! Denn Alter, Größe, Sternzeichen und Haarfarbe sind wirklich nur »Randkriterien«. »Reine Suchanzeigen« sind häufig – vor allem inhaltlich extrem ausführlich. Damit sich bloß ja der oder die Richtige meldet:

WIR SUCHEN 2 MÄNNER

reife	***ehrliche***
hungrige	***phantasievolle***
belesene	***dramatische***
starke	***schwache***
tiefe	***vorurteilslose***
freie	***verläßliche***
liebe	***zuversichtliche***
erfahrene	***leiderprobte***
erotische	***gelassene***
autonome	***genießerische***

selbst-bewußte.

Wir sind die weiblichen Pendants, 37 u. 40, blond u. dunkel, schlank u. mollig. 10 zutreffende Eigenschaften reichen, um uns zu interessieren. Raum 5. DIE ZEIT

Meine
TRAUMFRAU
ist
offen
ehrlich
lieb
lustig
fröhlich
treu
hübsch
chic
schlank
elegant
sportlich
gesund
häuslich
gemütlich
harmonisch

gepflegt
ordentlich
fleißig
intelligent
gebildet
aufgeschlossen
gewandt
weltoffen
kreativ
wohlhabend
unternehmungsfreudig
aus guter Familie
den schönen Künsten zugetan,
älter als 40 Jahre,
1,72 oder darunter
So würden wir ideal
zueinander passen.
Sie gewinnen einen lieben und zuverlässigen Lebensgefährten, der dies erfüllt. Zuschriften erbeten an: DIE ZEIT

Ebenso wie die »Selbstdarsteller« arbeiten auch die »Sucher« mit der Verneinung. Also dem, was sie *nicht* suchen . . .

SUCHE DEN ABSOLUT BESONDEREN MANN SUCHE NICHT Nichtraucher, Erotiker, Opel-Ford-Fahrer, Pfennigfuchser, Pädagogen, Apostel, Traumtänzer, Nichtgourmet, Alkoholgegner, Schwächling, Jüngling, Nervensäge, Wanderer, Frischluftfanatiker, schlecht situiert, formbar, Reihenhaus mit 200 m² Grünfläche, Operettenfreak, Rot-Grün, liberal, mehr Schein als sein, dick oder dünn, normal. *(Sie: 37/172/58) Zuschriften an die FAZ*

... beziehungsweise einer Mischung aus dem, was sie nicht suchen und dem, wonach sie Ausschau halten:

> ***Ich brauche keine Frau zum Kochen + den Haushalt! Ich suche DICH (ca. 30 J.) zum VERLIEBEN, möchte mir Dir reden, träumen, reisen (AUS/NZ), wandern, Musik hören, planen, kuscheln + schmusen, streiten (?), fliegen, tauchen, gemeinsam das Leben genießen.*** *Arzt, 34 J., 186 cm, schlank, bärtig, NR freut sich auf Deine Antwort (mit Bild?) (R 2 . . .) DIE ZEIT*

> ***Mann (Typ »Lino Ventura«)*** *wird v. Frau, 49 J. jung (1,60) u. Tochter, 11 J.,* ***ges.! Er sollte tierlieb u. intellig. sein.*** *HA*

Mal ehrlich: Wollen Sie einen *Menschen* oder den *Abklatsch eines Filmschauspielers?* Wenn sich überhaupt ein Mann auf solch eine Anzeige meldet, dann dürfen Sie ihm von morgens bis abends applaudieren – weil er ein so tolles Double ist!

Apropos »Typ«: Anders sieht die Sache aus, wenn Sie solch eine Anzeige lesen:

> ***»Er«,*** *45/172, schlk., dkl'haarig,* ***sucht Sie, Typ »Sina-Aline Geißler«.*** *HA*

Hier geht es nämlich nicht um Aussehen, sondern um Neigung. Und zwar die *ausgeprägte* Neigung zum Masochismus (siehe auch Kapitel VI.3).

Im Klartext: Wenn jemand einen bestimmten »Typ« sucht, sollten Sie sich unbedingt informieren, wer oder was damit gemeint sein könnte. Sonst kann es ein böses Erwachen geben!

Natürlich kann man auch versuchen, sich nach beiden Seiten abzusichern. Und genau das ist es, was viele Inserenten sich bemühen zu tun. Wie aus dem nächsten Kapitel ersichtlich wird.

A little bit me, a little bit you
oder
Wer wem was zu bieten hat

»Ausgewogen« nenne ich die folgenden Anzeigen – in denen der Inserent in etwa gleichviel über sich und seinen Wunschpartner erzählt.

Das kann mit einer Kurzbeschreibung beider »Charaktere« sein ...

> ***Akademiker, Prof., Dr., humorvoll in Grenzen, 51/1,76, naturbegabt,*** *wünscht eine junge Frau für's Leben – mit der man Pferde stehlen kann. HA*

> ***Ganz einfach: Eine komplizierte Frau (35, 1,78), attraktiv, sensibel, sucht einen Mann.*** *Ansprüche: klug, differenziert, tierlieb, mit Fähigkeit zur Fröhlichkeit. DIE ZEIT*

> ***Besondere Frau, hübsch, 1,70 m groß, klug sucht den Mann mit Macht,*** *der es gewohnt ist, am Tag Entscheidungen zu treffen, abends jedoch einsam ist, zw. Ende 40 und Ende 40 weltweit. DIE ZEIT*

... oder mit einer Beschreibung der gewünschten Eigenschaften des anderen:

> ***Einsamkeit bringt Frust, Highlife Streß, meine Kaviarsemmel verdiene ich (49/165) selbst,*** *suche ungebundenen Kuschelbär. Geistige und körperliche Be-*

weglichkeit aus Paritätsgründen empfehlenswert. Zuschriften an die SZ

Ursula, 39, ledig; *Ist das wirklich* ***zu viel,*** *was ich mir von einem Partner wünsche? Eigentlich doch nur,* ***was ich selbst biete: Gutes Aussehen, Verstand, Lebenserfahrung, Witz u. viel Gefühl!*** *(Er sollte um 35, ledig und über 1,80 m sein). Briefe ohne Foto landen auf dem Müll! SZ*

Eine weitere Form »ausgewogener« Inserate ist es, sich selbst mit ein paar Worten zu beschreiben und den anderen mit nur einem – das dafür aber sehr aussagekräftig ist:

BERLIN Akademikerin, eheerfahren, 40, attraktiv, sportlich, kulturinteressiert, *sucht emanzipierten Mann zwischen 30 und 50. DIE ZEIT*

RAUM HH Guter Mann, 32/184/78, nicht reich, nicht schön, nicht blöd, *sucht spannende Frau. DIE ZEIT*

Geschäftsmann, 40/152, gut situiert, im Privatleben sensibel, im Berufs leben durchsetzungsstark und erfolgreich, *sucht niveauvolle Partnerin. HA*

Sie sehen: Man kann mit relativ wenigen Worten ziemlich viel sagen. Aber ein wenig wortreicher geht's natürlich auch . . .

Unternehmer, 52 J., 1,75, sportlich, dynamisch, unternehmungs- u. reisefreudig, liebt die Natur, schätzt das Familienleben, kultivierte Umgebung; mit Haus u. Firma. *Wenn Sie eine anspruchsvolle Frau bis 40 J. sind, sich durch diese Zeilen angespro-*

chen fühlen, würde ich mich über Ihre Zuschrift mit Bild sehr freuen. HA

... wobei Sie nie vergessen dürfen: Papier ist geduldig! Manche Inserenten neigen dazu, gewaltig zu übertreiben, was ihre Selbstbeschreibung betrifft!

Dann gibt es die Inserentinnen und Inserenten, die sich wiederholen. Bei ihnen hätte es durchaus genügt, sich selbst zu beschreiben, weil sich auf ihre Anzeigen haargenau der Typ Mensch meldet, den sie suchen. So wie hier.

Wiedergeborene Christin, *49 J./1,59, gesch., su. einen treuen, ehrlichen,* ***nur wiedergeborenen*** *Christ als Partner. Zuschr.; HA*

Er, 24/1,82/80, Raucher, tierlieb, ***feste Arbeit, kein Discotyp,*** *sucht solide, häusliche Frau. HA*

Weiter gibt's die »Zielgruppen-Inserate«, die nicht zur Zielgruppe Gehörende gar nicht erst weiterlesen müssen:

Zielgruppe: Typ, intellig., erfolgr., m. gesicherter Existenz TROTZDEM einfühlsam. *Ich: 175 cm ohne Schuhe, naturblond, noch 33 J., schwierig aber witzig. Wer sich's zutraut schreibt mir m. Bild an das HA*

IRIS BERBEN ist nun mal meine Traumfrau. Es kann auch Anja Kruse sein. Auf jeden Fall eine feminine, schlanke SIE (30-38) mit Charisma, Lebensfreude, Esprit, Sinnlichkeit. *Unbandige Sehnsucht nach einem neuen erlebnisreichen, glücklichen Leben hat gutaussehender Unternehmensberater (46, schlank) mit Interesse an Tennis, Ski, Kunst, Theater,*

Literatur, Psychologie. ER ist vermögend und wild entschlossen Träume realisieren. Zuschriften erbeten an die FAZ

Suche zwischen Hamburg und Haiti eine
offene geheimnisvolle
sachliche emotionale
phantasievolle genau
aufregende ruhige
elegante schlichte
heitere ernste
Sie zwischen 20 und 40 für eine ebenso vielschichtige Beziehung. *Über mich: 34, geistig und wirtschaftlich unabhängig, beruflich aktiv, offen, begeisterungsfähig, beziehungserfahren. Schreiben Sie mir, mit Bild oder ohne, an DIE ZEIT*

Ein wenig »entgegenkommender« sind Inserenten, die zwar die Beschreibung ihrer Wunschpartnerin voranstellen – zunächst aber knapp anreißen, wer sie selber sind, um sich dann in der zweiten Hälfte der Annonce ausführlich(er) zu beschreiben:

NATURFREUND/STADTMENSCH *sucht in HH jüngeres, lebensbejahendes, weibl. Pendant mit vergnügtem Sinn u. ähnl., mögl. auch (wasser)sportlichen Interessen. »Super«, wenn Sie Heuschrecke und Löwe, Primel u. Kirschbaum, Eintagsfliege und* ***mich (Anf. 50, 1,74, schlank, second-hand-man, geringe Web- und Lackfehler, NR, kaufm. Beruf, prom.)*** *unterscheiden können. Schreibfaul? Ach, was! 10 Zeilen, ein Bild, ab geht die Post! DIE ZEIT*

Hamburger Kaufmann, Anf. 50/1,69, Nichtr., fragt *»Sind Sie die nikotinfreie, sportl., gut anzuschauende,* *kluge, nicht zu emanzip., nicht allzu linksorientiert., ca. 40j. Frau,* ***mit der ich schöne u. nicht so schöne Stunden teilen kann?« Wenn Sie, wie ich, bindungswillig sind, gern segeln (kann man lernen), klass. Musik u. gepfl. Häuslichkeit schätzen,*** *erwarte ich gern Ihre Bildzuschr. HA*

Was wer auf keinen Fall sucht, ist selbstverständlich auch ein »Einstieg«, der Sinn ergibt:

Hübsche Dunkelhaarige (46 J.), berufstätig in Brüssel, weiß nach zwanzigjähriger Ehe und vierjährigem Solo, was sie nicht will: *einen ungütigen Partner oder allein bleiben. Gesucht wird ein gutaussehender, selbstbewußter, warmherziger Mensch. Zuschriften mit Bild an DIE ZEIT*

Nicht für Mimosen u. Miesepeter sowie arme Schlucker u. Trinker! Ich, weibl., Anfang 40 J./ 1,70, schlk., hübsch + häßlich, charm. + gräßlich, *suche schlanken, kultivierten, zärtl. Mann m. Geist, Humor, Kinder- u. Tierliebe für harmon. Zusammenl., Bild erbeten; HA*

Mehr als naßforsch ist hingegen er …

Warum nicht mal *(aber nicht zuviel) Emanzipation ausprobieren? Mädel, Du darfst mich einladen!* ***Er – Typ – 37 (fühlt sich jünger an), 182, Nichtr.,*** *zw.* ***Jeans u. Smoking, Cotton Club u. Oper, sportl., romantisch, mag Tennis u. Skilaufen, Reisen u. Spaziergänge, kuschelige Betten u. Rückenkraulen – u. ist es die Richtige, bin ich monogam (nicht monoton).*** *Angebot gilt für alle weibl. Wesen, sportl. Typ, zw. 25 und …, die* *dem obigen Niveau entsprechen! Wenn möglich mit Bild. Zuschr.: HA*

... dem ich an Ihrer Stelle *nicht* antworten würde. Was mich an seiner Anzeige stört, ist weniger, daß er eingeladen werden will, sondern sein Verständnis von Emanzipation: »aber nicht zuviel«!

Folgen die: »Da-bin-ich-Annoncen«, in denen der Inserent/die Inserentin offen auf die Leserin, den Leser zugeht ...

DA BIN ICH! 1,94 m, schlank, 46 J., im Raum 6, als Unternehmer kreativ u. erfolgreich, als Mensch zuverlässig, humorvoll, gutes Aussehen, zärtlich u. a. und wieder FREI! – mit Sohn, 16 J., *und suche eine Partnerin für eine gemeinsame glückliche Zukunft. Sie darf schlank + weiblich geformt, mädchenhaft, ehrlich, lustig und anschmiegsam sein. Gern mit Kind oder Kinderwunsch. Zuschriften gern mit Foto an DIE ZEIT*

Musische und sportliche Mädchenfrau. Man sagt, sehr attr., aber auch sehr anspruchsv., mal Lausbub, mal Lady, 1,68 m, 38, künstl. kreat., finanz. unabh., wach u. sens., mit kult. u. sportl. Int. (Theater, Musik, Kunst, Tanzen, Tennis, Reisen), Sinn für kultiv. Häusl., Romantik, u. anspruchsv. Dialog. *Sucht Gedanken-, Interessen- u. Seelenpartner, sportl.-schlanke, wirkl. gutauss. Persönl., 38-55, innerl. u. äußerl. jung, mit Tiefgang u. Lebensart; Abenteurer u. Gentleman. Bildzuschriften bitte an DIE ZEIT*

Landwirt, 35/170, mit mod. Milch-/Viehbetrieb u. Bullenmast, schlk., bld., Vollbartträger, *su. nette,* liebe, zärtl., schlk. Frau zw. 20 u. 35 J. Kind kein Hindernis. Bitte Bildzuschr. (zur.). HA

PARADISE IS CALLING . . . Herrlichkeit (Unternehmer, 33/186, schlank eher workoholic als Nichtraucher – eher attraktiv als Grufti – eher Nachtmensch als Tagträumer – eher hard'n'heavy als Oper – eher kreativ & spleenig als Einfallspinsel) sucht Dämlichkeit *(eher kurzer Rock als kurzer Verstand – eher langhaarig als langweilig – eher extravagant als Kopie meiner Putzfrau – eher recht hübsch als ohne Power & Ausstrahlung – eher witzig als ohne Worte) für Herzklopfen, Traumurlaub im März & Leben spüren in München! Wenn du möglichst viele »eher« abhaken kannst, gib Dir einen Schubs und mir ein Zeichen – bitte mit Bild, mein tierischer Anhang ist schreckhaft!! SZ*

Beliebt sind auch Annoncen, in denen die Inserenten und Inserentinnen – durch ein, zwei Wörter am Anfang – gleich auf »ihre Zielgruppe« hinweisen:

SINNEN-FRAU GESUCHT Liebe Pferde, Motorräder, Literatur, kl. Musik, Hunde. Journalist (41, 180 cm), *sucht kultivierte Frau (Alter unwichtig) mit Sinn für Erotik. Aussagekräftige Zeilen mit Bild an DIE ZEIT*

ARMES SCHWEIN SUCHT IDEALISTIN Er, Ww., 59, 1,70, sportl., schlank, Akdad., R. 4, r.-k., in gesicherter Position, *sucht nette reife Sie, die ihn und drei musik. Mädels (7, 11, 14) in ihr Herz schließen kann. DIE ZEIT*

Hilfe! Ich will nicht nur beschützen, sondern auch beschützt werden. Unkonv. Krebs, männl., 35 J.,

manchmal vom Leben geschwächt, ansonst. allen übl. Standards entspr., (selbst attr. u. s. w.) *sucht sinnl., etwas mütterl. Sie, +–, 35, zum Austausch v. Vertrauen u. Leidenschaft. Raum 2-5. (Bild) DIE ZEIT*

Bleiben diejenigen, die in ihrer Annonce mehr oder minder ihren Lebenslauf mitliefern, damit der Leser sofort mit ziemlicher Sicherheit weiß, wen er oder sie da vor sich hat. Schwarz auf weiß und vielleicht eines Tages Auge in Auge:

Wer ***wagt*** *es,* ***gleich mir*** *nach glücklicher Ehe allein, an eine neue Gemeinsamkeit zu denken, sie zu suchen, zu pflegen und wachsen zu lassen?* ***Prom. Akademikerin (phil.) liebt Bücher + Musik, Oper + Schauspiel, Museen + Kirchen, Wald + Flur, Reisen zu zweit + ab und zu einsame Autowanderungen, ist wieder fröhlich + voller Pläne, einfühlsam + liebesfähig, familiär + finanziell unabhängig, NR + ziemlich unsportlich, zierlich + nicht häßlich + gern chic, sucht*** *den zu ihr passenden Mann zwischen ca. 60-65 J., schlank + groß, mit wachsender Freizeit + kein Opa-Typ, dem die F.A.Z. mehr als nur Heiratsanzeigen bietet + dessen Brief mit Bild ausschießlich in ihre Hände gelangt über die FAZ*

Fest steht: Sie dürfte nicht nur bindungs*willig* sein, sondern auch bindungs*fähig*, denn sie hat bereits eine – offensichtlich lange – glückliche Ehe hinter sich. Daß sie sich Zeit genommen hat, den Verlust ihres Partners zu verarbeiten, wird ebenfalls aus der Anzeige ersichtlich. Die Chancen, mit dieser Anzeige »den Richtigen« zu finden, halte ich für ziemlich groß. Weil wirklich klar wird, wer sie ist und was für einen Mann sie sucht.

GELEBT UND GELIEBT habe ich bisher und bin – vielleicht auch deshalb immer noch – eine attraktive Frau (53, 1,74, 71), engagiert im freien akad. Beruf, warmherzig, optimistisch, phantasie- und temperamentvoll, liberal, unabhängig etc. *Für die Zukunft wünsche ich mir eine lebendige und intensive Beziehung zu einem neuen Lebenspartner, der aus Paritätsgründen ähnliche Eigenschaften oder hinreichend Humor und Nervenstärke hat, um herauszufinden, ob und wie Gegensätze einander anziehen. Allerdings sind Herzensgüte, (Lebens)Klugheit und Sinnenfreude dringlich erwünscht. Bildzuschriften an DIE ZEIT*

Positiv und aktiv schätze ich auch diese Inserentin ein. Sie blickt zufrieden auf ihre Vergangenheit zurück und ist – wohl deshalb – offen für die Zukunft. Daß sie – unter Umständen – ein wenig anstrengend sein kann, läßt sie ebenfalls durchblicken. Aber – und das entnehme ich dieser Annonce – man(n) kann mir ihr reden ...

K – Ac – D – Eu – BN Engagierter, dennoch bescheidener Dr. med. dent. (40, 1,87, 75) nach kurzer Ehe seit 3 J. wieder Junggeselle, ortsgeb., Nichtr., zuverlässig, bester Background, mag Optimismus, Entschlossenheit, Warmherzigkeit u. Familiensinn, *sucht niveauvolle, große, nicht unbedingt so schlanke Partnerin bis Anf. 30, die Lust hat, in schönem Haus u. Garten auch mal häusl. zu sein. DIE ZEIT*

Seine Eheerfahrungen waren zwar gewiß nicht die besten, aber er bemitleidet sich deshalb nicht selbst. Auch er hat sich Zeit genommen, das Ende seiner Ehe zu verarbeiten: drei Jahre lang. Recht umgänglich scheint er auch zu sein und daß er keine Karrierefrau sucht, ist ebenfalls klar. Auch dies ist eine Anzeige, die einen positiven Eindruck auf mich macht.

> ***ALTER JUNGE SUCHT JUNGES ALTER Unkonventioneller Akademiker, unternehmungslustig und ledig, 38 Jahre und eher im Privatbereich lausbubenhaft,*** *sucht junges Frauchen (ca. 25 bis 32 Jahre), schlank bis zierlich, frech bis fröhlich, begeisterungsfähig und sensibel.* ***Ich bin Raucher (noch) und kann weder Tennis spielen noch reiten oder skilaufen. Dafür habe ich einen Kopf voller Flausen, einen Pilotenschein, dufte Autos und seit der Steuerprüfung Alpträume.*** Melde Dich bitte mit Bild. Du bekommst je nach Wunsch einen Anruf oder einen Brief mit Bild von mir, o.k.? DIE ZEIT

Wenn er eine *Frau* und kein Frau*chen* suchen würde, fände ich seine Anzeige witzig. Und sie erzählt eine ganze Menge über ihn. Vor allem, daß er eher abenteuerlustig als sportlich ist . . . und gewiß alles andere als arm!

> ***Berliner, aber mobil Vor bald 40 Jahren durchs Abitur gefallen und damit weitere Ausbildungsriten abgebrochen. Heute auskömmlich selbständig. Neugierig, unruhig u. unabhängig. Aktiva: Kl. Tusku (um 350 km südl. Münchens) u. 2 Doppelabonnements d. Berliner Philharmoniker.*** *Sucht: Kluge (selbst klügere), selbstbewußte Frau. Alter u. Aussehen im Idealfall von sekundärer, aber nicht ohne Bedeutung, da er weder blind noch jenseits von Gut u. Böse ist. Hausfrauen- und andere Sekundärtugenden – sind erläßlich. DIE ZEIT*

An die 60 ist er also und – erfolgreich – Autodidakt. Ein

aktiver Typ also. Dazu offenbar auch noch einer, der unter Partnerschaft etwas anderes versteht, als daß sie ihn bekocht und seine Hemden bügelt.

> ***Witwer, 73 J./1,78, 34 J. verheiratet gewesen, Handwerksmeister u. Kfm., Nichtr., volles Haar, gutes Einkommen, schöne 4-Zi.-ETW m. gr. Balk., Auto-Telefon u. Raumpflegerin vorh.,*** *su. Partnerin f. den Lebensabend, 58 – 70 J., gesund, Kleidergröße 40 – 46, kein Omatyp, mit Niveau, Charakter u. Herz (kann auch arm sein). Kochkenntn. erw. Bildzuschr. (gar. zurück), auch von auswärts. Schön wäre Führerschein. HA*

Na bitte! Bei solch einer Anzeige weiß man doch, was man an ihm hat. Und was er sucht, wird auch deutlich klar. Diese Anzeige erinnert mich am ehesten an ein »Bewerbungsschreiben«!

Ich faß es nicht: noch'n Gedicht
oder
Reim dich oder ich freß dich

Jawohl, ich gebe es zu: Ich bin ein Fan von Zitaten – und schmücke in meinem Büchern nicht selten jedes Kapitel damit. Deshalb finde ich es völlig okay, Zitate in Anzeigen zu verwenden.

Nett wär's allerdings, wenn Sie eine »Quellenangabe« machen würden . . .

Die Liebe ist ein Autobus,
auf den man lange warten muß.
Und kommt er schließlich angehetzt,
dann ist er meistens schon besetzt.

(Kästner)

Habe die Hoffnung noch nicht aufgegeben: Attraktive Sie aus Hamburg, Anfang 30, sucht aufgeschlossenen Partner mit Familienwunsch! DIE ZEIT

Raum 7 »HERBSTTAG«
Wer jetzt kein Haus hat, baut sich keines mehr.
Wer jetzt allein ist, wird es lange bleiben,
wird wachen, lesen, lange Briefe schreiben . . .

(Rilke)

Lebenskünstler, 49, 1,83, 80, mit Geist, Niveau und sehr viel Gefühl, sucht für Neubeginn gutauss. Frau, + – 40, ab 1,70, mit wachen Augen, Geist und viel Gefühl, für mehr als einen Herbstspaziergang. Ich freue mich auf Ihre Zuschrift mit Bild. DIE ZEIT

Für den Richtigen:
Ich würde Dir ohne Bedenken
eine Kachel aus meinem Ofen schenken.
30, stud., schlank, 165 cm, Raum Baden. TU 8765 DIE ZEIT

Kaffee in der Tasse
Kuchen auf dem Teller
Kerze auf dem Tisch
Fragen im Kopf
Antworten verschüttet
LIEBE verlegt . . .
Verflixte UNORDNUNG!

Sie (29; 1,65; 50) räumt auf und sucht ihn, der mitmacht! Bildzuschr. aus R. 85 u. anderswo. DIE ZEIT

Ich will!
Das Wort ist mächtig, spricht's einer ernst und still,
die Sterne reißt's vom Himmel, das eine Wort: Ich will!
Ich, 48 J., 1,84, schlank, vielseitig lebend, will Dich (natürlich hübsch, zärtlich und sinnlich, kreativ und intelligent) für eine intensive und lebendige Partnerschaft. Deine Bildzuschrift erreicht mich über DIE ZEIT

Natürlich können Sie jetzt sagen, wer Ringelnatz nicht kennt, ist selber schuld. Aber trotzdem: Ein wenig Stil könnte – auch auf Seiten des Inserenten – nicht schaden.

Weitere Verse sind Binsenwahrheiten, Klischees, Poesiealbumsprüche und besonders in relativ kurzen Anzeigen zu finden:

SOS – ich suche Dich,
denn wenn Du denkst es geht nicht mehr,
kommt irgendwo ein »Kläusel« her.
Selbst enttäuscht – daher allein,
will ich aber nicht mehr sein.
Er, 33/1,76/73, 3-Tagebart, Kaufm., sucht liebe treue Frau zum Aufbau einer ehrl. Beziehung. HA

50 Jahre u. ein bißchen weise!
Su. f. die weit. Lebensreise
einen Mann m. Grips, Humor u. Ideen;
bin Witwe, 1,69, schlk., sportl., nett anzusehen.
HA

Dear Friend: Dir kann ich alles anvertrauen,
auf Deine Hilfe kann ich bauen
mit Dir kann ich Pferde stehlen,
wenn's Dich nicht gäb', würd' mir was fehlen.
Liebe, viels. Sie, 30, feine Wesensart, stud., sehr allein . . . freut sich auf Deine Bildzuschrift an die SZ

Ich such' ne Frau mit Herz, Verstand,
dann wandern wir bald Hand in Hand –
Kaufmann, 46 Jahre, sucht liebevolle Partnerin für immer. HA

Sich zu finden ist sehr schwer,
ich bin schon hier, doch wo ist er?
Ab 175 cm, schlk., nikotinarm, m. Niveau u. lebensfroh. Ich bin Ende 40/1,68, schlank, vorzeigb., viels. interess.; HA

Wohne auf dem Land noch ganz allein,
das sollte künftig anders sein.
Kaufm., 46 J., su. liebe Partnerin. HA

Erstaunlich – und glücklicherweise die Ausnahme – ist, daß manche Menschen es sogar fertigbringen, einen Reim auf ihre Vergangenheit zu machen. Und damit genau das Gegenteil dessen erreichen, was sie erreichen wollen. Nämlich eine negative – oder keine – Reaktion statt einer positiven.

Über 7 Brücken bin ich schon gegangen,
7 dunkle Jahre sind vorbei,
will noch mal von vorn anfangen,
sind Sie vielleicht dabei?
Wenn Sie 37-45 Jahre alt sind, niveauvoll, m. Herz u. Hirn, so freut sich auf Sie, eine 40jährige, temperamentv., dunkelhaarige Sie! (Gern auch DDR-Übersiedler). Bild wäre nett; HA

Häufig vertreten sind »Dichter/innen«, die größere oder kleinere »Anleihen« machen. Und die fangen bei Goethe an und hören bei Eugen Roth noch lange nicht auf. Im Gegensatz zum jeweiligen Original heißt es hier jedoch zumeist: Reim dich oder ich freß dich! Und das liest sich dann so:

Mein werter Herr, woll'n Sie's nicht wagen,
mir Arm und Geleit anzutragen?
Bin Witwe, 50 Jahr u. schön,
mag nicht mehr ungeleit nach Hause gehn.
Heiße nicht Magister noch Doktor gar,
arbeite jedoch seit 30 Jahr.
Auch hab' ich weder Gut noch Geld,
doch Gespräche, Musik und Kunst, das ist's, was mir gefällt. Mag sich ein Herr bequemen?
Jedoch: Mit Sturm ist hier nichts einzunehmen.
(Raum 6) DIE ZEIT

Ein Mensch, in diesem Fall 'ne Frau
die weiß seit langem sehr genau
allein zu leben ist nicht schön
und deshalb will sie jetzt mal seh'n
ob auf dem Weg »per Inserat«
ein Partner wäre da parat.
So um die siebzig sollt er sein
Abitur – das wäre schon sehr fein
gebildet, interessiert an allem
Geschichte, Literatur sollt ihm gefallen
Musik . . . auch mal moderne Kunst
sollt stehen mit in seiner Gunst.

Zur Person: eine ganz normale Frau/seit Jahren verwitwet/1,62 groß, zierlich (54 kg) dunkelhaarig – keine Kinder – mit sehr viel Sinn für Humor und einer großen Sehnsucht nach einer harmonischen Partnerschaft. Zuschriften erbeten an die FAZ

JETZT weiß ich's genau
ich wünsch mir ne Frau.
Nicht aus Chrom,
aber mit Pepp, das wär doch keck.
Vielleicht schreibst Du schon,
ich warte auf Deine Karte
und bin wild auf Dein Bild.
Und wenn's paßt, so sei gefaßt
auf eine endlose Zeit der Gemeinsamkeit.
Bestimmt, mein Wicht, wird's ein Gedicht.

Mick, 31, erreichbar über die SZ

Liebevoll – mit Geist, Humor,
so stelle ich den Freund mir vor.
Kunst, Kultur er mögen soll
und die Musik in Dur und Moll.
Doch genügt das nicht allein,

man müßte Herz und Seele sein.
Mein Steckbrief ist sachl. in dieser Art,
doch ich bin herzl., man sagt auch apart.
Drum will ich jetzt der »Zeit« vertrau'n,
auf meine Antwort könn'n Sie bau'n.
(49/1,65/50/vw. R. 2/3) DIE ZEIT

Für einen
ganz normalen Mann
fängt jetzt ein neues Leben an.
Frei v. Anhang u. v. Rauch
u. berufl. stimmt es auch.
Ich biete viel Herz u. Verstand,
gebe meine Daten hier bekannt:
45 J./1,70/77 kg,
mich interess. Unterhaltg. u. Natur,
bin meistens fröhlich, niemals stur.
Nun su. ich ein lustig »Weib« u.
das nicht nur z. Zeitvertreib.
Wollen Sie auch nicht allein bleiben,
sollten Sie mir jetzt ein Brieflein schreiben: *HA*

Mann, bereit zum Abenteuer der Zeit,
dem Leben – nicht nur – zu zweit.
Beamter, nicht jung an Jahren *(41)*
studiert, praktisch, erfahren,
sucht Frau, stark, jung und schlau,
die nimmt und gibt, einfach liebt. *DIE ZEIT*

Düsseldorf
Junger Mann *(37, 1,82)* ***im Frühling***
will nicht mehr allein sein,
ja was macht er dann, ja was macht er dann,
er lacht sich eine an.
Ich freue mich ganz doll über jede Zuschrift. Über jede

Zuschrift mit Bild freue ich mich noch viel doller. DIE ZEIT

Also: Wenn Sie schon reimen wollen oder müssen, besorgen Sie sich ein Reimlexikon. Da finden Sie dann auf »ei« mehr als genug Anregungen – um »*vor*bei« nicht auf »*da*bei« reimen zu müssen.

Alles klar?

Dann fehlen in diesem Kapitel nur noch die neuen Literaten, zu denen nachfolgender Inserent gehört:

Der Garten ist verwildert	*Raum Kassel*
die Kinder nicht	*10 + 12*
Gefühle liegen brach	*manche*
Ich suche DICH	*schlank, NR*

Optimistischer Witwer freut sich auf Brief und Bild unter NO 9876 DIE ZEIT

Diese Annonce bietet eine hervorragende Überleitung zum nächsten Kapitel. Dort finden Sie Anzeigen, die mal ganz anders sind als der Rest.

Geistesblitz
oder
Potzblitz

Unabhängig davon, ob es Sie anspricht oder nicht: Manche Inserenten versuchen es wirklich mal anders. So wie dieser:

> ***Hilfe! Man will mich verkuppeln; aber ich*** *(männl., 38/1,70, dkl'blond, Bart) übernehme die Sache lieber selbst und freue mich über Ihre Zuschrift; HA*

> ***EMANZIPATION HIN – EMANZIPATION HER! Ich brauche endlich wieder eine Schulter zum Anlehnen!*** *Frau (36/168/66) mit Kind (7), sucht ehrlichen, bindungsfähigen Mann mit Herz und Verstand. HA*

> ***MÄNNER WOLLEN IMMER NUR DAS EINE . . . ich,*** *36/1,76, schl., gutauss. NR,* ***will auch das ANDERE*** *mit Dir, einer geistv., schö., ju., unabh. Frau fürs Leben. Bildzuschr. an DIE ZEIT*

IN	***OUT***
Familie	*Karrierefrau*
ein Zuhause	*immer auf Reisen*
kochen	*Restaurants*
Urlaub zu zweit	*Kurztrips alleine*
lange Spaziergänge	*Aerobics*
Feste feiern	*Discolife*
lachen	*lächeln*

DU Andere
Sie, 36/173, brünett, attraktiv, versucht es mal anders. DIE ZEIT

Ich: Stier; 28 Jahre; Bauingenieur; Raum 6
Du: weiblich (ja/nein)
Du: ca. 28 Jahre (ja/nein)
Du: (S) Tier/kinderlieb (ja/nein)
Du: humorvoll/akiv (ja/nein)
***Bei 4mal – ja – bitte Zuschrift** DIE ZEIT*

GESUCHT: EINE FRAU WIE EIN WEIN Die Eleganz von Margaux, den Körper von Mouton, die Kraft von Latour, die Noblesse von Lafite, die Beständigkeit von Haut-Brion. Gute Jahrgänge wären 1955-66. Mein Jahrgang: 1960. Vorlieben: Kunst und Kulinarik. (Bild-) Zuschriften aus dem Raum 6/7 u. w. erbeten an die FAZ

Falls es Ihr Beruf erlaubt – und das tun einige Berufe – können Sie das natürlich wunderbar für ihren Anzeigentext verwenden. Diese drei haben es getan:

***R. 4, 5, 6. Lehrer, 35, 1,75, nicht unbelehrbar,** sucht schlanke Frau mit wachem Geist und empfindsamer Seele, für mehr als nur einen Sommerspaziergang. DIE ZEIT*

***Erstversuch! Polizeibeamter,** jug., sportl., mod. Typ, **»fahndet« n. s. Traumfrau** (b. 38/1,70, attr., mögl. dkl'haarig, romant., naturverb., dialogfäh./NR), HA*

***Pilot,** Anfang 30, **sucht »sie« für gemeinsame Rundflüge.** Zuschr. an die SZ*

Oder aber: *(Synchron-)Sprecher* (der nicht immer das letzte Wort haben muß), *Architektin* (die zur Abwechslung mal ein Luftschloß bauen möchte), *Stewardess* (die privat Kaffee kocht, daß man ihn trinken kann!), *Manager* (dessen Sekretärin alles im Griff hat – nur sein Privatleben nicht), *Sekretärin* (die mit dem »Mann des Jahres 1982« (laut Time Magazine: der Computer) bislang offensichtlich besser zurechtkommt als mit allen anderen ... undsoweiter.

Und wo ich gerade bei Berufen bin, noch schnell ein kleines Kapitel dazu.

Willst Du mit mir geh'n
oder
Da war doch noch was?!

Wie war das doch? Hinter jedem erfolgreichen Mann steht eine Frau. Und wenn einer keine hat, sucht er sich eben eine. Die Frage ist allerdings, ob er so je eine findet:

> ***Akademiker sucht seine Partnerin aus gutem Haus, die weiß, was es heißt, wenn er – heute schon in der Geschäftsleitung – weiter Karriere macht, und die mit ihm*** (35, 188) ***voll Energie und Liebe diesen Weg gemeinsam geht.*** HA

Du lieber Himmel! Jeder Yuppie bekäme einen Lachanfall! Außerdem kenne ich jede Menge Leute – und Sie wahrscheinlich auch –, die mit 35 Gott-weiß-was erreicht und ihre Scherflein im Trockenen haben. Wie dem auch sei: Es fällt ihm offensichtlich nicht leicht, eine Frau zu finden. Ein halbes Jahr später nämlich fiel mir diese Annonce ins Auge:

> ***Akademiker su. jg. Sie*** (ca. 25 J.), ***die ihn*** (35/188) ***heute Direktor, auf seinem Karriereweg begleitet.*** *Bild? HA*

Er ist's. Ich habe es recherchiert. Und: Sieh an, sieh an – er hat weiter Karriere gemacht! Und die Erfahrungen aus seiner vorherigen Annonce verwertet – nämlich das gewünschte Alter der Dame angegeben. Damit ihm nicht wieder die 40jährigen schreiben. Man sieht: Man(n) lernt nie aus!

Anders sieht die Sache aus, wenn Sie ein »workoholic« sind – ein Arbeitssüchtiger. Dann sollten Sie die anderen »vorwarnen« – damit Sie nicht an einen Menschen geraten, der Ihnen irgendwann vorwirft, Sie seien ja bereits verheiratet – mit Ihrem Job. Dabei hatten Sie doch wirklich jemanden für Ihre Seele gesucht:

> ***Ich, weibl., 33,*** *(eigentl. nicht so viel dran auszusetzen),* ***lebe nur v. d. Arbeit. Welcher Er,*** *35-45, ca. 180 (oh. fin. Probl.)* ***zeigt mir, daß es auch noch etwas anderes gibt?*** *Bild wäre nett. HA*

> ***Arbeit,*** *Arbeit, Arbeit, aber da war doch noch was? Er, 46/1,80, blond, schlank,* ***sucht Sie zur Wiederherstellung des seelischen Gleichgewichtes.*** *HA*

Eine »ausführliche Version« gibt es von derlei Anzeigen natürlich auch ...

> ***Nachdem ich viel Energie, Freude und Zeit in meinen beruflichen Werdegang investiert habe, versuche ich hiermit die Richtung zu ändern. Nach beruflichem Erfolg möchte ich mich nun verstärkt den Aufgaben und Freuden einer Partnerschaft (vielleicht Familie) widmen.*** *Ich: Z. Zt. Raum 7, 30 Jahre, nicht beziehungsgeschädigt, 162 cm, optimistischer, unkomplizierter, nicht dürrer, aber schlanker, sportlicher, eher dunkelhaariger Typ – suche positiven, aufrechten und aufrichtigen Mann, der eine Partnerschaft ernst nimmt. DIE ZEIT*

... wobei sich die Inserentin meiner Meinung nach wiederholt. Denn wenn sie sich nun »verstärkt den Aufgaben und Freuden einer Partnerschaft (vielleicht Familie) widmen« möchte, versteht es sich doch von selbst, daß Sie einen Mann sucht, »der eine Partnerschaft ernst nimmt«.

Apropos »Familie«. Einheiraten kann man in eine solche natürlich auch. Dazu das nächste Kapitel.

Wie sag ich's meinem Kinde . . . oder ***Wer heiratet eine Familie***

Sie wissen es, ich weiß es: Alleinerziehende Mütter und Väter gibt es heutzutage wie Sand am Meer. Und viele suchen wieder eine Beziehung. Die Frage ist nur: Wie bringt eine Frau das Kind an den Mann – und vice versa?

Die *Art*, den anderen von vornherein darüber aufzuklären, daß man(n/frau) – mindestens – im »Zweierpack« kommt, sagt einiges über die Inserenten aus. Bei folgenden Anzeigen habe ich beispielsweise das Gefühl, die Mütter würden ihre Kinder lieber unter den Tisch fallen lassen:

> ***Ich sehe Dich und weiß, daß ich Dich lieben werde*** *Charm., attr. Fischefrau, 40/168/61,* ***Ki.****, in. Inter. f. Naturheilk., Psychol., Esot., Philos., Meer, Natur, Tiere wünscht liebev., ausgegl. Partner. Bitte nur Bildzuschr. an DIE ZEIT*

> ***Große Liebe ges. (am liebsten für immer)*** *v. 34j. »Sie«, selbst.* ***(2 Ki.)****; HA*

Ebenfalls nicht gerade vor Mutterstolz birst diese Frau . . .

> ***Aparte Sie*** *(39/169), Akad.,* ***gesch. m. Kind*** *(13) su. Ihn. Bitte Bildzuschr. HA*

. . . während die nachfolgende Mutter ihren Kindern zumindest ein Adjektiv widmet:

Sehr feminine Frau, *Mitte 30/172, geschieden,* ***mit 2 gesunden Kindern,*** *dunkelhaarig, schlank, viel gereist, mehrere Sprachen sprechend, sucht auf diesem Weg, weil sie nicht mehr allein sein möchte, den Mann bis 50 mit hohem Niveau und sehr seriös, der sich die Zeit nimmt, sie kennenzulernen. Bitte Bildzuschr. an: HA*

Anzeigen von Müttern, die zu ihren Kindern stehen, las ich relativ selten. Aber es gibt sie:

Kein zweites Kind, *sondern einen erwachsenen, bindungsfähigen Mann suche ich, 34 J., led., eher gelassen, ruhig, geleg. skeptisch, Ärztin, z. Zt. R. 7. Interessen (außer 3j. Tochter und Beruf): Kopf und Hand-Arbeit, Radfahren, Schwimmen, Pflanzen. DIE ZEIT*

FÜR ALLES DAS . . . RAUM 3 Durch mein Herz und Haus toben drei Kinder. *Mein Kopf ist voll von einem Beruf, den ich liebe. In meiner Seele haben viele Menschen Raum und manche einen festen Platz. Für das alles und das große Loch in der Mitte suche ich (Lehrerin, 39, attraktiv + klug) Dich. DIE ZEIT*

Deine Kinder und meine Kinder haben unsere Kinder verdroschen *(Heinrich Zille). Attraktive Frau, 33, 170, 50,* ***2j. Sohn,*** *Marketing-Job, politisch eher rotgrün, fährt gern Ski und Rad, sucht Witwer in Berlin. DIE ZEIT*

Was alleinerziehende Väter betrifft, war die nüchternste Anzeige die folgende. Aber selbst sie sagt etwas über den Nachwuchs aus:

Möchte *weltoffene u. liebevolle Frau (35-40) kennen-*

lernen. Bin ***Witwer*** *(42)* ***m. 3 »no problem«-Kindern.*** *HA*

Ich habe den Eindruck, daß alleinerziehende Männer ihren Kindern wesentlich näher stehen als alleinerziehende Mütter. Selbst wenn sie so unbeholfen formulieren wie diese zwei:

> ***Er,*** *37/167, ist des »Alleinseins« müde,* ***da sie, 6, zu ihm gehört, sucht er*** *auf diesem Wege eine liebe, hübsche* ***Sie*** *bis ca. 30 J.,* ***die gerne Kinder mag (hat).*** *Zuschr. viell. mit Bild? HA*

> ***Ich habe einen 2jähr. Sohn, den ich sehr lieb habe und ohne den ich nicht leben möchte.*** *Ich: 37 Jahre, 183 cm, 83 kg, Haarfarbe schwarz mit grau, sportlich, naturliebend, ein bißchen verrückt mit kleinen Fehlern, sehr kuschelbedürftig.* ***Wer will uns beide? Welche nette SIE schreibt uns?*** *Jede Bildzuschrift wird garantiert beantwortet über die SZ*

Was mir angenehm auffällt: Väter und ihre Kinder bilden in den Anzeigen – zumeist jedenfalls – ein festes Gespann:

> ***WIR ZWEI*** *(m., 5/120 und m., 36, 185)* ***suchen passende Ergänzung!*** *Ausführliche Bildzuschriften bitte an DIE ZEIT*

> ***VATER, 55 + SOHN, 13 suchen was »Knuddeliges« zum Liebhaben;*** *ab 1,65, dunkelhaarig, nicht zu mollig!* ***Wo können wir wieder Leben in die »Bude« bringen?*** *Vater: 178, Raucher, Dipl.-Ing. u. Geschäftsmann, z. Zt. Ffm.* ***Sohn: ein Schatz! z. Z. im Internat.*** *Risiko! Zuschriften bitte mit Bild an die FAZ*

JEDE nehmen wir (Arzt, *42 J., Verw.* ***und Sprößling,*** *7 J.) nicht, aber Intelligenz, Offenheit und heitere Warmherzigkeit stehen hoch im Kurs.* ***Wenn SIE*** *dann noch ihre eigene Meinung vertreten kann und* ***bereit ist, leichtfüßig (aber nicht -fertig) in unser Leben zu hüpfen,*** *könnte SIE evtl. schon bald die Leere, die auch beruflicher Erfolg und Abenteuerspielplätze nicht auszufüllen vermögen, vertreiben ... (Raum 4). Bildzuschrift an DIE ZEIT*

Zu erwähnen bleiben noch die zweckbezogenen Annoncen wie die folgenden beiden Inserate. Hier wird nämlich kein Partner gesucht, sondern ein Babysitter & Hausmann beziehungsweise ein Vater für ein noch ungeborenes Kind:

Sie möchten gerne meine Tochter (9) tagsüber betreuen und mich (40) zwecks späterer Heirat kennenlernen? *Sie sind finanziell unabhängig, haben Herz und verstehen auch etwas vom Haushalt? Wir freuen uns auf Ihre Bildzuschrift an die SZ.*

Hilfe! *Ich suche einen Freund. 42j.* ***Postbeamtin, im 4. Monat schwanger,*** *su. einen lieben, zuverl. Mann. HA*

Nun denn. Immerhin sagen beide zumindest sofort, was Sache ist. Und das sollten Sie auch tun ...

Das wär's dann auch so ziemlich – was Sie über Anzeigen wissen müssen und wie man sie formuliert.

Bevor ich Sie allerdings auf die Offertenschreiber »loslasse«, noch eine Zusammenfassung diverser »NO-NO's«, die Sie unbedingt beachten sollten – wenn Ihre Annonce Erfolg haben soll.

Never never – ever
oder
Zuviel oder zuwenig des Guten

Nachdem ich Ihnen diesen und jenen guten Rat erteilt habe, sollte sich Ihnen die nachfolgende Frage nun wahrlich nicht mehr stellen:

> ***Was soll ich hier nur schreiben, damit Sie mir schreiben?*** *Jurist (Ende 40, 1,70, sportlich, schlank, humorvoll, beruflich erfolgreich), an den schönen Gestaden des Bodensees beheimatet, ist voller Hoffnung und Vertrauen auf eine tolle neue Beziehung voller gegenseitigem Verständnis, Herzklopfen, Zärtlichkeiten ... Ich freue mich auf Ihren Brief, insbesondere, wenn Sie die 40 noch nicht überschritten haben, temperament- und humorvoll sind und Sexualität in einer Zweierbeziehung für Sie nicht völlig nebensächlich ist. DIE ZEIT*

Das gleiche gilt für die Frage:

> ***Warum Partnerschaftsanzeige?*** *Kontakte finde ich leicht, Komplimente u. Avancen sind mir geläufig! Ich bin frische 41/1,69/51, blond, Akad., partnerschaftserfahren, mit positiver Lebensphilosophie, romantisch u. sensibel ... Bildzuschrift an das HA*

... die zudem:
erstens völlig überflüssig ist – im Anzeigentext jedenfalls – und

zweitens in der Annonce nicht einmal beantwortet wird!

Wenn Sie sich dennoch solche Fragen nicht verkneifen können, sollten Sie wenigstens eine Antwort darauf geben. So wie er – der gleich »ungefragt« die Antwort gab:

> ***SYMPATH. 38 JÄHRIGER*** *174 großer, blonder, bärtiger, sich sehr einsam fühlender Mann möchte nicht länger alleine sein.* ***Da ich Kneipenbekanntschaften nicht schätze, suche ich auf diesem Wege*** *Gleichgesinnte zum Reden, Lachen und zu gemeinsamen Unternehmungen. Bitte Herz in die Hand nehmen und gleich schreiben an die FAZ*

Was ich jedoch keinesfalls mehr lesen möchte, ist einen Anzeigentext wie diesen:

> ***Ich weiß,*** *es kostet sehr viel Überwindung, auf eine fremde Annonce zu antworten, zumal man bish. über diese Art Selbstdarst. in d. Presse gelächelt hat … Ich freue mich über Ihr Schreiben mit Bild u. danke für Ihren Mut. HA*

Denn erstens ist das Inserieren wahrlich nicht zu belächeln und zweitens erfordert das Offertenschreiben keinen Mut, sondern lediglich Know-how. Und das haben Sie ja jetzt.

Um jedoch noch einmal auf das »Frage-Antwort-Spielchen« zu kommen. Wenn Sie schon unbedingt spielen wollen, dann wenigstens bitte nicht so …

> ***Gibt es noch einen treuen u. ehrlichen Mann*** *zw. 50 u. 58?* ***Sie glaubt es nicht.*** *Bin Anfang 50/167, schlank. HA*

. . . weil sich daraufhin jeder fragen wird, weshalb Sie überhaupt inserieren. Dann schon lieber so . . .

> ***Zu anspruchsvoll? Einer, der es nicht wahrhaben will*** *(49/1,69/60), su. eine, die ihn aufklärt! Zuschr.: HA*

. . . wobei auch das »zu anspruchsvoll« eine äußerst überstrapazierte Floskel ist. Die einzig richtige Antwort darauf lautet übrigens: »Schrecklich sind die Anspruchslosen; die nichts fordern, gewähren auch nichts.« (Peter Hille)

Sich anzubiedern muß auch nicht sein:

> ***WO BIST DU? Dich zu finden ist doch schwieriger als vermutet. Warum versteckst Du dich?*** *Obwohl ich als 30jähriger Münchner Kaufmann (179/70) mit vielen Leuten zusammenkomme, habe ich Dich bis jetzt noch nicht entdeckt . . . SZ*

> ***Ist Liebe wirkl. nur ein Wort? Welcher niveauvolle Mann . . . überzeugt*** *attraktive, feminine Sie (45 J., 1,60, blond, gesch.) vom Gegenteil? Zuschriften mit Bild? HA*

Was Sie sich ebenfalls sparen kennen sind Fragen wie:

> *GIBT ES NOCH . . .*
> *. . . die anhanglose, liebe, schl. Frau b. ca. 50?*
> *. . . den Mann mit Herz, Verstand, Frohsinn?*
> *. . . den ganz normalen Mann?*

Denn all diese Fragen lassen sich mit »ja« beantworten. Grundsätzlich. Deshalb sind sie völlig falsch gestellt . . .

... was nicht heißt, daß die nächsten Fragen solche sind, die Sie stellen sollten. Denn auch sie sind nur Klischees:

WO IST DER MANN ...
... mit dem Geist wie Einstein, dem Geld wie Onassis und dem Körper wie Apollo bis 45 Jahre
... der wie ich nicht mehr allein sein möchte?
... der mir seine Schulter zum Anlehnen hinhält?

Wo sollen diese Männer schon sein?

Überall in der Welt verteilt. Wetten, daß sich all diese Annoncen besser lesen würden, stünde ihnen ein »Suche ...« voraus?

Wenn schon Frage, dann sollten Sie damit also mehr zum Ausdruck bringen als lediglich ein Klischee. Zum Beispiel mit Formulierungen wie diesen:

Wer hat keine Angst vor attr. Frau, die eine Meinung hat und sie auch sagt, die stundenlang liest, Italien liebt und ihren Beruf, gutes Essen und Kunst, die zuweilen auch streitet, falsch singt und sich nach 100 Jahren Zweisamkeit sehnt? *(50/1,70/55/R.5) DIE ZEIT*

Was nützen Porsche in der Tiefgarage und Wohnung an der Alster, wenn der richtige Partner fehlt. *Geschäftsfrau, 36, sucht den Richtigen. Bildzuschriften an das HA*

Sie können, wenn Sie wollen, sogar mit der Tür ins Haus fallen. So zum Beispiel:

Möchten Sie mit dieser Frau leben? *(Raum 6) Raucht – trotzdem sportlich, ißt gerne – trotzdem* *schlank, 51 Jahre – trotzdem Chefsekretärin. Hätten Sie – ab 50, 180, berufl. erfolgreich – so viel Mut? Wenn ja, freue ich mich über Ihre Bildzuschrift, erbeten an die FAZ*

Aber so dann wieder nicht:

Welcher Mann hat soviel Mut und heiratet mich? *Bin 50 Jahre jung, 1,68 groß, schlank, vorzeigbar. HA*

Denn was, um Himmelswillen, erwartet die Inserentin darauf bloß für eine Antwort? Und: von wem?

Apropos: Wer nachfolgenden Inserenten antworten soll, kann ich mir – bei aller Phantasie – auch nicht vorstellen:

Augenoptikermeister, 45 J., led., *ev., 1,72, braune Augen, selbst., nicht häßlich, möchte gerne auch mal heiraten und eine große Familie haben. Deshalb diese Anzeige! Seien Sie mutig, greifen Sie zum Füllhalter! Sie bekommen bestimmt Antwort. Gesch. und mit Anhang (da selbst ohne) zweckl.; wohne im Raume Nordrhein-Westfalen. Meine Frau könnte auch aus einer anderen Ecke sein. Zuschriften an DIE ZEIT*

Eingefleischter Junggeselle, 46 J., *184, vorzeigbar, finanziell unabhängig, sucht attraktive Sie. Bildzuschriften (zurück) bitte an das HA*

. . . denn Junggesellen in diesem Alter sind automatisch Eigenbrötler – und für eine Beziehung so gar nicht geeignet.

Rein informationshalber schrieb ich den »eingefleischten Junggesellen« übrigens an – und bekam auch prompt seinen Anruf. Als ich ihn fragte, wieviele Briefe er bekommen hatte, sagte er: »Drei. Zwei von Heiratsinstituten – und einen von Ihnen!«

Im Laufe unseres Telefonats stellte sich dann heraus, was ich von vornherein geahnt hatte: Der 46jährige ist alles andere als ein Mann für mich. Und das nicht nur, weil er – selbständiger Gebrauchtwagenhändler – tatsächlich ein »eingefleischter« Junggeselle ist. Er ist dazu auch noch mehr als primitiv. Allein die Sprache, die er verwendet, verschlug mir schier meine. Und weil ich mir das nicht live und in Farbe auch noch antun mußte, habe ich es bei diesem Telefonat belassen. Aber das werden Sie gewiß verstehen.

Wovon Sie ebenfalls dringend Abstand nehmen sollten, sind Annoncen wie diese ...

> ***Geläutert durch eine 17jährige Ehe mit einem der Halbgötter in Weiß, hinter dessen Intellektualität seine perfekte Fähigkeit der Manipulation mir lange verborgen blieb,*** *habe ich meine Sehnsüchte neu entdeckt, und öffne mich einem attraktiven Menschen in dessen Gesicht ich das abwechslungsreiche bisherige Leben lesen und erforschen kann. Selbst ein attraktives, unkompliziertes, spontanes Wesen, welches mit Spaß an allem Wissenswerten – ob von der Mystik bin zur Philosophie – aber auch vom Tennis bis zum Theater allem Neuen aufgeschlossen ist, freue ich mich auf einen souveränen Mann, für den Liebe keine Worthülse bedeutet und der das Wort Sexualität lieber durch »Liebesspiel« ersetzt. Meine »Größe« (1,60m) unterstützt trotz meines mittleren Alters (46) meine »Kindfrau-Attraktivität«. Bildzuschriften bitte an DIE ZEIT*

Ist das der richtige Ort, um seine Traumprinzessin zu finden? ***Die Realität ist hart, das Leben ist grausam.*** *Er, 36/175/90, su. echte Frau, gern etwas mollig, die auch in unserer Computerzeit ihren Sinn f. Zärtlichk., Liebe u. alles was dazu gehört noch nicht verkauft hat. HA*

... weil die Verbitterung, die aus ihnen spricht, nicht gerade ein ideales Ingredienz ist für eine harmonische Verbindung!

Die absolute Krönung aller von Einsamkeit, Enttäuschung und Verzweiflung durchsetzen Anzeigen ist diese:

Ich lese gerne Fantasy, mache Jazz-Gymnastik und gehe zur Psychotherapie. Nebenbei bin ich auch noch ein langhaariger Beamter und ***verkrieche mich in meine Wohnung. Zähle schon bald 31 Lenze und bin ein »Zwerg« von 1,80 m, abgemagert auf 65 kg. Ich halte es nicht mehr aus alleine zu sein, es geht einfach nicht mehr!*** *Hörst Du, Mensch weiblichen Geschlechts, mein Rufen? Zuschr. an die SZ*

Du lieber Himmel, hat dieser Typ Probleme – und zweifelsohne den falschen Psychotherapeuten! Sonst hätte der ihm nämlich schon längst beigebogen, daß sich verkriechen ebenso idiotisch ist wie auf Teufel komm raus auf High-Life zu machen; daß er mit seinen »schon bald 31 Lenzen« weiß Gott noch nicht zum alten Eisen gehört (selbst in der Sprache der Jugendlichen beginnen »U-Hus« – unter Hundert – erst mit 40. Vorher sind's »Bi-Vie's« – bis Vierzig). Vor allem aber hätte er dem Problembeladenen klargemacht, daß dies nun wirklich nicht der geeignete Moment ist, eine Frau zu suchen ...

Wenig Chancen, einen neuen Partner zu finden, hat auch

diese Inserentin. Weil auch sie jemanden sucht, der ihr Leben für sie lebt. Und das geht nun einmal nicht:

Lieb u. aufrichtig sollte »Er«, b. 50, sein (m. Niveau), ***»Sie« ist*** *43/1,68, schlk., m. Sohn 4 J.,* ***hat fast jeden Mut verloren.*** *Bildzuschr. (zur.) erbeten. HA*

Achtung, Achtung, Achtung ist auch bei Annoncen wie diesen angesagt:

DAS NEUE JAHR AN DER SEITE EINER LIEBEN PARTNERIN NEU BEGINNEN. ***Trotz einer großen Enttäuschung habe ich die Hoffnung nicht aufgegeben,*** *eine Ehepartnerin zu finden, die mich so nimmt, wie ich bin (41 Jahre, 181 cm), vielbeschäftigter Kaufmann). Bitte schreiben Sie bald, bitte mit Bild, vielleicht kann dann das neue Jahr für uns schon gemeinsam beginnen. Zuschriften erbeten an die FAZ*

ES IST WOHL EIN WENIG VERRÜCKT, AUF DIESEM WEGE SIE ZU FINDEN ... aber einen Versuch wert. Ich würde gerne wieder mit einem liebevollen Partner, so um die 40, gemeinsame Stunden vor dem Kamin bei einem guten Glas Wein verbringen. Füreinander dasein, viel miteinander lachen, den anderen teilhaben lassen und, und ... es gibt noch soviel zu sagen. ***Schreiben Sie mir, damit wir uns bald kennenlernen können, träumen Sie nicht nur davon, tun Sie es – ich würde mich sehr freuen.*** *Zu mir ein paar Worte: um die 30, eine Frau, die weiß, was sie will, mit einer prägenden Vergangenheit, offen und neugierig für Sie.* ***Lassen Sie etwas von sich hören, ich melde mich umgehend. Also bis bald!*** *Zuschriften erbeten an die FAZ (beziehungsweise SZ)*

Und nun raten Sie mal, wann die erstere der letzten beiden Annoncen erschien!

Am – halten Sie sich fest! – 9. Dezember! (Dafür erschien die untere zur gleichen Zeit in der *Frankfurter Allgemeine* – und in der *Süddeutsche Zeitung.*)

Und damit bin ich beim letzten NO-NO angelangt. Der Schwafelei.

Im Klartext: Unendliche Zeilen über die potentielle Partnerin, den potentiellen Partner zu sinnieren, bringt Ihnen gar nichts.

Bestes schlechtes Beispiel dafür: die teuerste Heiratsannonce Deutschlands, die am 10. Mai 1986 *ganzseitig* in der *SZ* erschien. 16.000 Mark und ein paar Zerquetschte hatte ein »altersloser« Bayer ausgegeben, um auf diese Weise seine Traumfrau zu finden. Er fand sie nicht. Weil die meisten Frauen seine Annonce gar nicht erst zu Ende gelesen hatten. Sie wurde nämlich ermüdend. Und wer bis zum Schluß durchgehalten hatte, war ebenfalls nicht darauf erpicht, den Herrn kennenzulernen. Allein der Gedanke, daß er im »richtigen Leben« derart labert, läßt einem nämlich kalte Schauer über den Rücken laufen!

Alles klar?

Dann kann ich ja zum Ende kommen. Wenn »er« aufgetaucht ist . . . oder »sie«

Wunder gibt es immer wieder
oder
Erstens kommt es anders, zweitens als man denkt . . .

Da steht er nun, der »Supermann« – der für Ihre Freundin Sabine der Richtige sein könnte. Nur eben leider nicht für Sie.

Was tun?

Ganz einfach: den Herrn mit Sabine zusammenbringen – die auch einen Mann sucht. Nur: Vorher sollten Sie ihn *nicht* unbedingt wissen lassen, daß es noch »Ausweichmöglichkeiten« gibt. Also sollten Sie Anzeigen wie die folgende nicht aufgeben . . .

> ***3 interessierte und interessante Akademikerinnen*** *(zwischen 29 und 31), anspruchsvoll und weltoffen, suchen darum aufrichtige Partner mit Charakter, die rücksichtsvoll und treu sind. DIE ZEIT*

. . . und das aus zwei Gründen nicht.

1. Wenn Sie zu mehreren inserieren, kann es gut sein, daß
– eine von Ihnen einen Partner findet, die andere nicht.
– Sie alle auf ein- und denselben Menschen abfahren – und Ihre Freundschaft damit endet, daß Sie sich um diesen einen »prügeln«.

2. Wenn Sie gleich etwas von »Freundinnen« erzählen, kann es sein, daß sich der Mensch, den Sie treffen, nicht voll und ganz auf Sie konzentriert: Er kann ja erst einmal schauen, wer sonst noch »auf dem Markt« ist.

Im Klartext: Mit solchen Anzeigen haben Sie nichts als Ärger. Das gilt natürlich auch für Männer.

Auf Anzeigen zu antworten, hinter denen mehr als ein Inserent/eine Inserentin steckt, ist auch nicht das Wahre. Weil's auch hier Gerangel geben kann. Oder genau die/der auf einen abfährt, die/den man sich für sich *nicht* vorstellen kann. Oder wenn der/diejenige, der/die einen interessiert, nur müde mit den Schultern zuckt.

Was Sie jedoch tun können, ist: »Bindungswillige«, die Ihnen sympathisch sind, in Ihren Bekannten- oder Freundeskreis zu integrieren und sie auf diese Weise »unter die Leute zu bringen«.

Dafür werden Sie dann wieder in *deren* Freundeskreis eingeführt werden... vielleicht findet sich ja dort ein Partner/eine Partnerin für Sie!

Zwei Inserenten habe ich jedenfalls »erfolgreich« mit Freundinnen von mir zusammengebracht – und das ist doch was!

Fazit: Versteifen Sie sich nicht darauf, in jedem Menschen, den Sie über Inserate kennenlernen, einen potentiellen Ehepartner zu sehen.

Was *mich* betrifft, kann ich jedenfalls nur sagen: Ich habe zwei Handvoll wirklich interessanter Menschen getroffen – von denen einige meine Freunde wurden. Und außerdem habe ich noch einen der versiertesten Implantologen Deutschlands auf diese Weise kennengelernt. Schon allein für diese »Verbindung« hat sich der ganze Aufwand gelohnt – wobei er mir als

Freund ebenso lieb und unverzichtbar geworden ist wie als Zahnarzt!

Daß ich Ihnen – Freunde hin, Freunde her – von ganzem Herzen wünsche, die Liebe Ihres Lebens zu treffen, versteht sich wohl von allein.

Und wenn Sie sich dabei an meine Ratschläge halten, klappt es aller Wahrscheinlichkeit nach auch. Jedenfalls finden Sie »ihn« oder »sie« sehr viel eher über eine Heiratsanzeige als in der nächsten Kneipe . . .

Wer seine Träume verwirklichen will, muß aus ihnen erwachen.

André Siegfried